ÍNDICE

Un agradecimiento especial a mi hermana, Flo
Warriner, por su ayuda editorial.

A menos que se indique lo contrario, todas las citas de las Sagradas Escrituras se toman de la Nueva Versión Internacional de la Biblia.
El Sueño Extraordinario · ISBN 1-56394-389-1 / SB-135
Derechos Reservados © 2006 por **MIKE MURDOCK**
Todos los derechos de publicación pertenecen exclusivamente a Wisdom International
Editor: Deborah Murdock Johnson
Publicado por The Wisdom Center · 4051 Denton Hwy. · Ft. Worth, Texas 76117
1-817-759-0300
¡Te Encantará Nuestro Sitio Web...! www.TheWisdomCenter.tv

Un Sueño Extraordinario
Requiere
Una Fe Extraordinaria.

-MIKE MURDOCK

Por Qué Escribí Este Libro

El Dolor Está En Todas Partes.

Ayer por la noche llegué tarde con mi vuelo desde Virginia, luego de un encuentro con un pequeño círculo íntimo de mis Compañeros más allegados.

Hora tras hora, contemplé rostros empapados en lágrimas, observé fotografías de niños rebeldes y sostuve tarjetas de presentación, orando por el Surgimiento y Milagro de Sueños no Cumplidos.

Tu Sueño Extraordinario tiene importancia para mí.

Tú eres mi Tarea. Lo respiro. Lo vivo. Anhelo liberar la FE no usada y desenfocada que hay en ti y que Moverá Tu Montaña.

Ésa Es La Razón Por La Que Escribí Este Libro.

Mike Murdock

P.D. ¿Quién es Tu Tarea? Espero que inviertas en un ejemplar adicional de este libro para la persona que más te importa.

El Sueño Extraordinario
Debe Nacer En Tu Interior
Y No Debes Tomarlo Prestado
De Otra Persona.

-MIKE MURDOCK

❧ 1 ❧

EL SUEÑO EXTRAORDINARIO ES LA IMAGEN MENTAL INTERNA QUE TIENES DEL FUTURO QUE DESEAS

Tu Mente Es Tu Mundo Personal.

Las imágenes en tu mente controlan tu vida. Esto explica las "Imágenes Semilla" que Dios planta en tu mente. Fotografías de lo que puedes lograr, llegar a ser, realizar, tener.

Tú eliges la reacción con respecto a cada imagen mental. La puedes creer. Cultivar. Alimentar. Proteger. Construir tu vida a su alrededor. Duda de ella...y *morirá.*

El Sueño Extraordinario no es siempre una *Profecía* Divina. Es simplemente la imagen mental de algo que deseas. El Sueño Extraordinario es la *Posibilidad* Divina.

¿Cual es **Tu Sueño Extraordinario?** Es Tu Fotografía Divina en el Futuro.

José lo experimentó, y eso lo arrastró rápidamente, como una corriente, de la prisión al palacio. Requerirá de cada don en tu interior.

▶ El Sueño Extraordinario Es **Alcanzable.**

▶ El Sueño Extraordinario Está **Más Cerca** De Lo Que Imaginas.

▶ El Sueño Extraordinario Te Hará **Único.**

▶ El Sueño Extraordinario Puede Hacerse **Realidad.**

Esa es la razón por la que este libro puede cambiar tu vida.

▶ A menudo los soñadores son vulnerables a la desilusión.

▶ Los soñadores se sienten solos.

▶ Muchas veces los soñadores están profundamente heridos.

▶ Con frecuencia los soñadores son incomprendidos.

Tu **Momento** vendrá.

Tu **Hora** llegará.

▶ Tu **Futuro** cobrará vida.

El Sueño Extraordinario Es Tu:

▶ **Diferenciación** De Los Demás.

▶ *Acceso* A La Significación.

▶ *Brújula* En Tu Vida.

▶ *Compañero* Invisible.

▶ *Llave Maestra* Para Los Tesoros Escondidos.

El Sueño Extraordinario Es La Imagen Mental Interna Que Tienes Del Futuro Que Deseas.

≈ 2 ≈
EL SUEÑO EXTRAORDINARIO DARÁ A LUZ A LA VIDA EXTRAORDINARIA

Nunca Menosprecies Tus Sueños Internos.
Registra tus Sueños, incluso a media noche...aún los sueños *fragmentados,* los sueños *peculiares,* los sueños *raros,* los sueños *extraños* merecen ser documentados.

A menudo, hablamos irrisoria y desinteresadamente de los sueños nocturnos de nuestros amigos diciendo, "comiste demasiada pizza... no deberías haber tomado ese jarabe para la tos".

Ya Sea Que Experimentes Sueños Nocturnos Al Dormir o que Sueñes Despierto Durante El Día Acerca De Algo Que Quieres En El Futuro...*Tus Sueños Imaginarios Tienen Un Gran Poder.*

Dios Usará Sueños Para Hablarte.

Cuando Dios habla a las familias, lo hace por medio de los *hijos*.

Cuando Dios habla a las naciones, lo hace por medio de la *economía*.

Dios usa a los Sueños para tu *protección,* tal como cuando se estaba protegiendo la vida de Jesús.

Dios les da Sueños aún a hombres malvados (Faraón, Nabucodonosor) *para advertir o evidenciar la misericordia divina.*

Tu *responsabilidad es la de interpretar el Sueño con precisión.* Si no encuentras la respuesta, al menos escríbelo hasta que alguien pueda ayudarte a interpretarlo.

No menosprecies ni siquiera tus sueños nocturnos.

Los sueños pueden *animarte* o *motivarte* a interceder por alguien, a ser más *atento con un padre.*

Dios quiere que registres tus sueños...escribe el Sueño *Nocturno.*

Tu Sueño Mental Es Distinto A Tu Sueño Nocturno. Usamos esta misma expresión cuando hablamos de una imagen **invisible** de un futuro que deseamos.

▶ *¿Cuál es la Imagen que tienes de tu futuro?*
▶ *¿Cuál es tu Sueño con respecto a una casa nueva?*
▶ *¿Cuál es tu Sueño acerca de comenzar un nuevo negocio?*
▶ *¿Cuáles son tus Sueños para tus hijos?*
▶ *¿Cuál es tu Sueño más Dominante en este mismo momento?*
▶ *¿Estás dispuesto a dedicarle todo tu tiempo y atención?*
▶ *¿Estás dispuesto a crear un plan que lo haga realidad?*

4 Expectativas Del Sueño Extraordinario

1. *El Sueño Extraordinario Puede Parecer Imposible.*
2. *El Sueño Extraordinario Es Lo Que Quieres Ser, Realizar O Tener.*
3. *El Sueño Extraordinario Te Fortalecerá Para Dejar El Presente Y Entrar A Tu Futuro.*
4. *Un Futuro Extraordinario Necesitará Una*

Preparación Extraordinaria. Verás, lo más maravilloso que le puede pasar a un Sueño es contar con un *plan de acción específico.*

La Planificación Siempre Produce Confianza En Uno Mismo. Es uno de los Secretos de Oro del Soñador Extraordinario.

Reconsidera y vuelve a analizar tus metas personales.

La meta más importante en mi vida hoy es permanecer en El Lugar Secreto de oración y escribir lo que El Espíritu Santo me instruya a través de Su Palabra y de las experiencias cotidianas.

20 Claves Para Liberar Tu Sueño Extraordinario

1. Invierte Una Hora En Escribir Claramente Las Metas Que Realmente Te Importan En Este Momento. Conserva esta lista de manera confidencial y privada. "Escribe la visión, y haz que resalte claramente en las tablillas, para que pueda leerse de corrido", (Habacuc 2:2).

2. Permite Que Mueran Los Sueños Poco Interesantes Del Pasado. Deja de perseguir metas del pasado que ya no te entusiasman. No te sientas obligado a seguir intentando alcanzarlas si ya no sientes una verdadera pasión por ellas. (Ver Isaías 43:18-19).

3. No Dependas De Los Demás Para Entender Tus Sueños Y Metas. Dales también la libertad para seguir los enfoques que escogieron. Ellos tienen todo el derecho de elegir lo que aman. Niégate a ser intimidado por sus esfuerzos por convencerte para que te muevas en una dirección diferente en tu vida.

4. Nunca Tomes Decisiones Permanentes Por Causa De Sentimientos Temporales. Una joven se entusiasmó tanto con una nueva amiga que dejó de alquilar su propio apartamento y se mudó al de ella. En el transcurso de una semana, se dio cuenta de que había cometido un error. No eran compatibles en un entorno cercano. *El Tiempo Expondrá Lo Que Las Preguntas No Pueden Descubrir.*

5.   Evita Estar En Estrecha Relación Con Quienes No Respetan Tus Sueños Realmente. Tendrás que romper relaciones. *Las personas equivocadas no siempre abandonan tu vida voluntariamente.* La vida es muy corta como para permitir que las personas desalentadoras estén cerca de ti. "No tengan nada que ver con las obras infructuosas de la oscuridad, sino más bien denúncienlas", (Efesios 5:11). *Quienes Estén En Desacuerdo Con Tus Metas Por Lo General Estarán En Desacuerdo Con Tus Decisiones.*

6.   Anticipa Los Cambios En Tus Necesidades Y En Tus Metas. Tus sentimientos y opiniones actuales pocas veces son permanentes. Se aproximan nuevas experiencias. Se avecinas nuevas relaciones.

Cuando *examinas* y *evalúas* tus metas, quitarás los estorbos innecesarios en tu vida. *Prioriza* tus metas más importantes.

7.   Nadie Puede Imponerte Tus Propias Metas. Tú debes decidir qué es lo que genera gozo en tu propio corazón. *Tu Enfoque Decide Tus Sentimientos.*

8.   Las Personas Distintas Tienen Metas Distintas. Lo que es importante para mí puede ser muy irrelevante para otra persona. Cuando los demás vienen ante mí, nuestras **diferencias emergen.**

Una de mis metas personales implica un Programa de Instrucción de Sabiduría para Familias. Será un Programa de Instrucción de 10 años Para

Padres, que consiste en 120 libros de Sabiduría. (Habrá un capítulo para cada día del mes). Será un Sistema de Instrucción para que los padres lo empleen con sus hijos de seis a dieciséis años. Esto les proporciona a los padres una "Enciclopedia de Sabiduría" para su familia.

¡Piensa en esta imagen increíble! Comenzar todas las mañanas durante el desayuno leyendo un capítulo e instruyendo a tus hijos en temas como: 31 Verdades acerca de Dios, 31 Verdades acerca de Jesús, 31 Verdades acerca del Espíritu Santo y otros temas poderosos y que **cambian la vida.**

Tú también puedes desarrollar tu propio Enfoque y Plan para tu vida.

9.   No esperes Que Los Demás Te Motiven Con Respecto A Tus Sueños. Tus amigos pueden distraerte y no tener los mismos valores en los que estás concentrado.

Acepta sus valores diferentes. *La Diferencia En Las Personas Es El Futuro En El Que Están Concentrados.*

10.   Debes Definir Cuáles Son Tus Metas Financieras, Espirituales O Físicas. Los demás no pueden pedirte prestadas tus metas. Puedes tener metas maravillosas para quienes amas, pero si ellos no tienen el mismo Sueño para ellos mismos, *es una pérdida de tu tiempo y tu energía.*

Hace algunos años compré un edificio especial para instalar un gimnasio para mi personal. Estaba muy emocionado. Contraté un entrenador para que ayudara a cada uno de mis empleados a desarrollar su máximo nivel de salud. La emoción duró un mes.

Al cabo de tres semanas, sólo dos personas se presentaron al encuentro especial con el entrenador, que me costaba $75 la hora. Si bien el costo del entrenador ya estaba pago, ellos simplemente no tenían metas *personales* en cuanto a su condición física.

Mi *inversión* se desperdició. No puedes intentar controlar las vidas de los demás.

11. Evita Estar En Estrecha Relación Con Personas Que No Respeten Tus Sueños. Sí, puedes ministrarlos en los momentos críticos de sus vidas. Puedes alentarlos y darles palabras que los fortalecerán y bendecirán. *El Acceso Es Primero Un Regalo, Luego Una Prueba y posteriormente Una Recompensa.*

▶ *La intimidad* se debe ganar.
▶ *El acceso* tendría que ser un privilegio.
▶ *La relación* tendría que ser una recompensa por *el respeto.*

12. Coloca Fotografías De Tus Metas Y Sueños En Las Paredes De Tu Hogar Y De Tu Oficina. Por ejemplo, si tienes el Sueño de bajar de peso, pon fotografías que te inspiren y te entusiasmen a perder esos kilos no deseados.

¿Sueñas con tener tu propia casa? Lo que sigas observando *continuamente* influenciará tu conversación y tu fe. *Lo Que Ves Determina Lo Que Deseas.*

13. Pon Tus Sueños Por Escrito. "Escribe la visión, y haz que resalte claramente en las tablillas, para que pueda leerse de corrido", (Habacuc 2:2).

Algunos no hacen planes simplemente porque nunca les han enseñado cómo crear un plan.

14. Escribe Tu Definición Personal De Éxito. Escribe **la definición más específica, clara y simple de** lo que quieres lograr.

15. Anota Cinco Razones Por Las Que Quieres Tener Éxito. Conserva una lista de quienes amas y que prosperarán **gracias a tu Sueño cumplido.** Esto es muy importante. Su consentimiento y sus propias alegrías te motivarán en los momentos difíciles.

16. Escribe Cada Detalle Relacionado Con Lograr Tu Sueño. Cada **paso,** cada **detalle** que se te ocurra. Sería más fácil dictarlo. Está comprobado que hablamos seis veces más rápido de lo que escribimos.

17. Anota Cada Pregunta Que Deberías Hacer. Las soluciones surgirán en el momento en que te concentres en la calidad de tus preguntas. *La Calidad De Tus Preguntas Determinarán La Calidad De Tus Respuestas.*

18. Escribe Los Nombres De Quienes Puedan Participar En Tu Sueño. En la parte superior de la página escribe "Mi Círculo de Consejería Para Mi Sueño". Serán quienes te brinden sugerencias, comentarios y consejos sobre tu Sueño. Aceptar la ayuda y los regalos de los demás en tu vida acelerará tus logros.

Permanece en el centro de tu propia especialización. No intentes ser un experto en todo. Yo he cometido este error. En lugar de contratar expertos, tengo la tendencia de querer aprender todo. Eso te retrasará.

Evita concentrarte sólo en aprender, esmérate por llevar a cabo tus metas.

Enfoca tu tiempo y energía en un solo Sueño o en una sola Meta. *Sólo Tendrás Éxito Significativo Con Algo Que Sea Una Obsesión.*

19. Respeta Y Recompensa Cada Relación Comprometida Con Dar A Luz El Sueño Extraordinario De Tu Vida. Esto garantiza la satisfacción.

20. Aprende A Generar Entusiasmo En Los Demás Para Involucrarlos En El Sueño Extraordinario.

El Sueño Extraordinario Dará A Luz A La Vida extraordinaria.

Tu Importancia No Se
Encuentra En La
Similitud Con El Otro,
Sino En Lo Que
Te Diferencia Del Otro.

-MIKE MURDOCK

3

EL SUEÑO EXTRAORDINARIO REQUERIRÁ DE UNA CONFIANZA EXTRAORDINARIA EN TI MISMO

La Confianza En Ti Mismo Es Magnética.
Los pensamientos se pueden percibir. Sin importar cuáles sean tus pensamientos, éstos influirán en el ambiente que te rodea. Agitan el corazón de quienes no tienen confianza en sí mismos. Crean un deseo en los demás...*hacen que quieran estar contigo.*

3 Claves Para La Confianza En Ti Mismo

1. **Conoce Tu Tarea.** Fuiste creado para resolver un problema. Descubre cuál es.

Mientras te encuentres aquí en la tierra, tu *tarea* será resolver cualquier problema para el que fuiste creado. Debes estar convencido de que te encuentras verdaderamente en el centro del lugar adonde perteneces.

2. **Conoce Tu Don Principal.** Podría tener que ver con la organización, las computadoras, la

administración o la comunicación. Cuando conozcas qué es lo que te diferencia de los demás, nacerá en ti una sorprendente paz interior. *Tu Importancia No Se Encuentra En La Similitud Con El Otro, Sino En Lo Que Te Diferencia Del Otro.*

3. Identifica Tus Creencias. Nunca me falta confianza cuando camino hacia el púlpito o hacia la plataforma para hablar. Siento que conozco sobre mi tema más que cualquier otra persona que está presente, y es por eso que estoy allí. Me mantengo en el centro de mi Sistema de Creencias.

La exploración y la experimentación se diferencian de mi *confianza* central en mis creencias.

Tienes que conocer más que los que te rodean sobre el tema que has elegido...*para generar confianza. La Información Da Lugar A La Confianza.*

7 Pasos Que Pueden Liberar La Confianza En Ti Mismo

1. Reconoce Que Tu Creador Desea Lo Bueno Para Ti. "Toda buena dádiva y todo don perfecto descienden de lo alto, donde está el Padre que creó las lumbreras celestes, y que no cambia como los astros ni se mueve como las sombras", (Santiago 1:17).

2. Verifica Que Tu Sueño No Contradiga Las Leyes De Dios O Del Hombre. Evita todo lo que tu árbitro invisible interno condena...*es decir tu conciencia.* Tienes que estar en paz con tu conciencia para que emerjan las ideas más maravillosas. No debes intentar buscar algo que atribule tu *corazón, tu alma y tu mente. Las Semillas De Grandeza Crecen Mejor En La Tierra De La Paz.*

3. Llena Cualquier Conversación Con Una Charla De Fe Acerca De Tu Sueño. *Tus palabras* *son importantes.* Ellas te moverán hacia tu sueño o te alejarán de él. Tus palabras deberían reflejar *continuamente* esperanza en tu futuro. Cuando alguien te habla con palabras de duda e incredulidad, *rechaza firmemente tales palabras.* No las recibas. *Reemplaza el informe malo que te dan con uno bueno.*

Cuéntales a los demás sobre las grandes cosas que ocurren en tu vida. Recuerda, tu fe es como un músculo que crece y se fortalece a través del uso *continuo. Tus Palabras Son Las Semillas De Los Sentimientos.*

4. Busca Tener Acceso A Aquellas Personas Cuyo Fuego Arde Más Que El Tuyo. ¿Cuáles son las personas más exitosas que actualmente conoces?

¿Quiénes son las personas que han tenido éxito en el mismo ámbito en el que tú deseas tener éxito?

Programa citas con ellas...un almuerzo especial. *Interrógalas, entrevístalas* y *recibe* la información que tienen para darte.

No te sientas obligado a contarles sobre todos tus planes. *Respeta y busca humildemente su consejo y asesoramiento.* Permite que enciendan tu fuego con la mayor frecuencia que sea posible.

Cada Amistad Cultiva Una Fortaleza O Una Debilidad.

5. Recuerda Que Tu Sueño Es Una Semilla Especial Que Estás Sembrando En Los Corazones De Otras Personas. A veces, los demás se emocionan y se entusiasman contigo. Sin embargo, habrá momentos en que las personas más cercanas no estarán preparadas para recibir lo que tienes para compartirles.

Un agricultor sabe que su campo requiere de una preparación antes de plantar las semillas. De la misma manera, es posible que las mentes y los corazones de las personas que amas también requieran de una preparación. *Sé paciente.*

6. Recuerda Que Tu Sueño Puede Intimidar A Los Que Te Rodean Y Puede Hacerles Sentir Incómodos. Es importante recordar que tu Sueño te pertenece a ti nada más. Los demás no **sienten** lo que tú sientes, no *ven* lo que tú ves, o no *saben* lo que tú sabes. *¿Cómo pueden comprender tu gozo cuando no han vivido con tu tristeza?*

Es posible que los que te rodean te *malinterpreten* o aun te *juzguen mal* porque se sienten incómodos. Forzarlos a responder a tu Sueño y a tu entusiasmo puede ser intimidante.

Quizás, *"no han extendido sus tiendas"*. Tú estás emocionado por tu éxito, mientras que ellos sólo esperan *sobrevivir*.

7. No Dejes De Avivar Tu Fuego. Fertiliza tus sueños. *Habla* de ellos. Construye en base a los mismos. No puedes esperar encender el fuego de otra persona hasta que no hayas encendido el fuego *en tu interior*.

El Deseo Es La Mayor Semilla Que Podrías Poseer. Estás leyendo este libro. Eso es una prueba de tu *deseo...tu necesidad...de tener éxito. Enciende esta obsesión.*

- ▶ El Deseo Determina Lo Que *Aprendes*.
- ▶ El Deseo Determina Lo Que *Buscas*.
- ▶ El Deseo Crea *Resistencia Y Fortaleza*.
- ▶ El Deseo Te Separa De La Gente *Común y Corriente*.
- ▶ El Deseo Hace Posible *Salir* De Egipto...Y Avanzar *Hacia* Canaán.

4 Clases De Personas Que Siempre Fracasan

1. Los *Indecisos*.

2. **Los *Ignorantes*.**
3. **Los *Desenfocados*.**
4. **Los *Desapasionados*.**

La tragedia más triste de la vida es un corazón que no ha sido encendido. La mente de tal persona es como un enorme campo en el que no se ha sembrado semilla alguna. *No crece nada de valor.*

Esta persona no producirá *grandeza, milagros* o una vida *extraordinaria.*

Debes reconocer esta tragedia. Mantente *enfocado, entusiasta* y *agresivamente* alegre.

4 Claves Para Desatar El Sueño Extraordinario

1. **Decide Cuál Es Tu Sueño Extraordinario.**
2. **Desarrolla El Imán En Tu Interior... Hacia Tu Sueño.**
3. **Discierne El Círculo De Consejería Que Te Ayudará A Lograr Tu Sueño.**
4. **Invierte Tiempo En Crear Un Empapelado Con Tu Sueño...Imágenes De Tu Sueño.**

El Sueño Extraordinario Requerirá De Una Confianza extraordinaria En Ti Mismo.

La Batalla De Tu Vida Es
Por Tu Mente.
La Batalla De La Mente Es
Por La Concentración.

-MIKE MURDOCK

4

EL SUEÑO EXTRAORDINARIO MERECE TODA TU CONCENTRACIÓN

La Batalla De Tu Vida Es Por Tu Mente.
La Batalla De La Mente Es Por La Concentración.

El Sueño Extraordinario Debe reunir Las Condiciones Para Obtener Toda Tu Concentración.

Tu Salud Afecta Tu Concentración

El Descanso Produce Esperanza. Cuando tienes descanso mental, tu mente se dirige hacia pensamientos *positivos,* hacia sueños *maravillosos y gloriosos…*cosas que deseas hacer y realizar.

Cuando estás cansado, no eres la misma persona. No tienes la misma clase de *fe, entusiasmo* o *paciencia.*

Cuando estás *descansado, fortalecido* y te *sientes bien* en tu espíritu, *tu fe es renovada. Tu Concentración Determina Tus Sentimientos.*

La Fatiga Puede Ser Mortal. Cuando estás cansado de noche, las actividades que normalmente parecerían simples, de pronto se sienten muy onerosas y complejas.

Las tareas que generalmente toman un esfuerzo mínimo, de repente parecen ser demasiado difíciles como para ser finalizadas. Y es posible que aún culpes a los demás cuando las cosas salen mal.

La fe no siempre fluye fácilmente a través de un cuerpo cansado. *Los Ojos Cansados Rara Vez Observan Un Gran Futuro.*

La Fatiga Es Un Enemigo Para Tu Concentración. Muchos han fracasado debido al agotamiento, a demasiados programas y a intentar realizar muchas tareas al día.

El famoso multimillonario, J. Paul Getty, dijo una vez: "He visto la misma cantidad de personas fracasar al intentar hacer muchas actividades como al intentar hacer pocas actividades".

11 Errores Que Producirá La Fatiga

1.   **La Fatiga Hace Que Las Montañas A Las Que Te Enfrentas...Parezcan Más Altas.**

2.   **La Fatiga Provoca Que Los Valles Por Los Que Pasas Parezcan Más Profundos.**

3.   **La Fatiga Exagera El Dolor De Las Ofensas.**

4.   **La Fatiga Origina Impaciencia Hacia Aquellos Con Quienes Trabajas.**

5.   **La Fatiga Crea Una Obsesión Con Los Resultados Inmediatos En Lugar De Un Protocolo Para Lograrlos.**

6.   **La Fatiga Hace Que Te Centres En Objetivos A Corto Plazo En Lugar De Hacerlo En Objetivos A Largo Plazo.**

7.   **La Fatiga Disuelve Las Restricciones, Dando Lugar A Palabras Destructivas.**

8.   **La Fatiga Provoca Que No Quieras Invertir Tiempo En Planificar A Futuro.**

9.   **La Fatiga Genera Una Concentración En Ti Mismo Y Una Meditación En Tus Errores.**

10. La Fatiga Exagera Los Defectos De Quienes Amas.

11. La Fatiga Debilita Tu Fuerza Para Buscar Sueños Que Valgan La Pena.

Recuerda la Llave para la Sabiduría N° 96: *Cuando Se Da Lugar A La Fatiga, La Fe Se Retira.* Nunca tomes decisiones importantes a menos que estés fortalecido, mentalmente alerta y espiritualmente perceptivo.

El Sueño Extraordinario puede renovarse cuando tu cuerpo está renovado física y mentalmente.

Recuerda la Llave para la Sabiduría N° 157: *El Único Motivo Por El Que Los Hombres Fracasan Es Cuando Carecen De Concentración.* Sólo podrás tener éxito en algo que te consuma. Tu Sueño Extraordinario requerirá todo de tu persona...tu *tiempo, tu energía y tus relaciones.*

15 Recompensas De La Concentración

1. *La Concentración Te Permite Encontrar El Camino Más Corto A Tu Destino.* Es el secreto de las artes marciales, del rayo láser y de los logros extraordinarios.

2. *La Concentración Expondrá Lo Que No Califica En Tu Vida.* Cuando te determines a hacer lo correcto, las personas inadecuadas querrán salir de tu vida.

3. *La Concentración Fuerza A Los Adversarios A Ser Expuestos.* El enfoque elegido por ti es el mundo que creaste para tu mente.

4. *Tu Concentración Determina Tu Reacción Personal Acerca De Ti Mismo Y De Los Demás.*

Cuando *Jesús* comenzó a hablar sobre Su deidad, Sus enemigos reaccionaron con enojo y odio intensos.

Cuando *Moisés* se centró en el éxodo de los Israelitas de Egipto, Faraón hizo sus mejores esfuerzos para impedirlo.

Cuando el *hombre ciego* se centró en clamar a Jesús, los que lo rodeaban le dijeron "cállate".

5.   *Tu Concentración Te Distingue De Los Demás.*
Haz una distinción entre lo que es importante y lo que es menos importante. Todo *parece* ser importante. Identifica la diferencia entre lo que es y lo que no es una prioridad máxima: *tareas, amistades, valores.*

Permite que los demás hagan su trabajo. Permanece en el centro de tu Tarea. No intentes resolver los problemas que les fueron asignados a los demás.

6.   *Tu Concentración Aumentará Tu Pasión.*

7.   *Tu Concentración Soltará Una Nueva Creatividad.*

8.   *Tu Concentración Expondrá Lo Que Es Innecesario.*

9.   *Tu Concentración Identificará A Las Personas Pasivas E Indiferentes De Tu Vida.*

10.   *Tu Concentración Revelará Las Distracciones.*

11.   *Tu Concentración Aumentará Tu Determinación.*

12.   *Tu Concentración Simplifica Tu Día.*

13.   *Tu Concentración Decide Quién Reúne Las Condiciones Para Tener Acceso.*

14.   *Tu Concentración Vuelve A Escribir Cada Conversación.*

15.   *Tu Concentración Desalienta A Los Parásitos Que Vagan A Tu Alrededor.*

¡Mantente Concentrado En Tu Sueño!

▶ Tu Sueño *requerirá de tiempo para recopilar*

datos e información importante.

▶ Tu Sueño *requerirá de tiempo para desarrollar una comprensión, educación y conocimiento.*

▶ Tu Sueño *deberá ser valioso para tu concentración, atención y tiempo.* Si no lo crees así, no dedicarás tu vida a ese sueño.

Debes encontrar algo que te desafíe...algo en lo que valga la pena depositar tu vida. No puedes tomar algunas decisiones sin invertir una cantidad adecuada de tiempo.

Los grandes logros de la vida requieren de tiempo.

Las grandes relaciones requieren de tiempo valioso.

Los rascacielos requieren más tiempo de construcción que una pequeña cabaña de troncos.

Un automóvil Rolls Royce es más costoso que una bicicleta.

¿Dedicas al tiempo presente toda tu *concentración, atención y creatividad?* ¿Fantaseas con estar en algún otro lugar? Nunca sabrás cuán exitoso puedes verdaderamente ser hasta que tu Sueño reciba la atención de cada parte de tu ser.

El Sueño Extraordinario Merece Toda Tu Concentración.

Mientras Más Claras Sean Tus Metas, Mayor Será Tu Fe.

-MIKE MURDOCK

5

EL SUEÑO EXTRAORDINARIO REQUERIRÁ DE UN PLAN DETALLADO

Un Plan Es Un Mapa Escrito Hacia Tu Meta.
Dios es un Planificador. Cualquiera que programe una cena con 6000 años de anticipación...es un Organizador *Experto.*

El Sueño Extraordinario dará un salto gigante hacia adelante una vez que inviertas tu tiempo en un plan detallado. Los detalles aumentan tu confianza.

Dios Elogió A Las Hormigas Por Su Planificación. "¡Anda, perezoso, fíjate en la hormiga! ¡Fíjate en lo que hace, y adquiere sabiduría! No tiene quien la mande, ni quien la vigile ni gobierne; con todo, en el verano almacena provisiones y durante la cosecha recoge alimentos", (Proverbios 6: 6-8).

Es Posible Que Los Escépticos Crean... Cuando Vean El Plan.

Los planes requieren de tiempo. Implican trabajo, no siempre son fáciles.

> ▶ *Todo Lo Que Puedas Ver Se Convertirá En Creíble.*

> ▶ *Todo Lo Creíble Se Convertirá En Alcanzable.*

Hace unos años, tenía un producto que podía bendecir grandemente a una organización religiosa. Me reuní con doce de sus miembros directivos.

El miembro directivo de menor fortuna contaba con un activo neto de $40 millones. Les mostré que mi producto aumentaría sus ganancias en $25 millones para su compañía Al principio, dijeron que les tomaría varias semanas antes de poder aceptar mi producto.

Decidí invertir $850 en desarrollar un rotafolios... *un plan* para *mostrarles lo que podía ver en mi mente.* Cuando tú te tomas el tiempo para redactar un plan claro, los demás ven tu plan, y tienen la confianza para involucrarse.

Esa noche decidieron adoptar el plan. Luego surgieron algunas complicaciones y la organización se dividió. Pero descubrí que la *persuasión depende de la claridad. Cuando Los Demás Vean Lo Que Tu Ves, Sentirán Lo Que Tu Sientes.*

La Falta De Planificación Descarrilará Tu Sueño

Tu vida es como el *Tren Dorado del Éxito sobre la Vía del Éxito,* y Dios programa *las Ciudades de Logros* en tu futuro.

Cada mañana, Dios te proporciona 24 *Vagones de Carga* Dorados. Lo que tú programas para esas 24 *Horas* Doradas determina la velocidad y la distancia a la que tu tren avanzará.

Si no planificas lo que harás en esas 24 horas, en esos 24 Vagones de Carga Dorados, otra persona los llenará por ti con su propio conjunto de tareas.

¿Alguna vez te pasó que alguien viniera y cargara tus 24 Vagones de Carga Dorados? ¿Alguna vez te pasó que tu tren permaneciera descarrilado por un día?

Eso ocurre cuando no programas tu día. Recuerda la Llave para la Sabiduría Nº 230: Ayer Se Encuentra

En La Tumba; Mañana Se Encuentra En El Vientre. El Único Lugar En El Que Siempre Estarás Es En El Día De Hoy.

¿Si no puedes dirigir 24 horas correctamente, cómo harás para dirigir 24 años? ¿Si no puedes hacer que tu día vaya en la dirección correcta, cómo harás que toda tu vida tenga un rumbo adecuado?

Muy pocos entienden el concepto de planificar. Planificar es extremadamente difícil. Exige un alejamiento de los deseos *secundarios*.

Un Plan Es Un Mapa Escrito Desde Tu Presente Hacia Tu Futuro

Noé tenía un plan para el *Arca*.

Moisés tenía un plan para el *Tabernáculo*.

Salomón tenía un plan para el *Templo*.

Salomón era un Soñador Extraordinario y un planificador meticuloso. Creó un templo de $500 mil millones.

Cuando Dios comenzó a tratar con tu vida...Él tenía un plan. Toma un tiempo escuchar un mandamiento divino. Te tomará toda tu vida discernir el plan.

> ► *Existe Un Plan.*
> ► *Existe Un Lugar En El Que Quiere Que Estés.*
> ► *Existe Un Tiempo En El Que Quiere Que Estés.*
> ► *Existen Personas Destinadas Para Tu Vida Para Que Participen En Tu Sueño.*

Imagina...*Visualiza* tu Sueño.

Planifica Tu Día En Función Del Sueño Extraordinario

Cuando planificas el plan para tu día, estás planificando tu vida. Cada mañana escribe 7 tareas para realizar en ese día. Adjunta a cada una de esas 7 tareas una línea de tiempo. *Dios es muy consciente del tiempo, tú también debes serlo.*

Escribe 7 objetivos diarios. Que sean simples.

1.   7:00 - Leer mi Biblia.
2.   7:30 - Vestirme.
3.   9:00 - Limpiar mi habitación.

Todas Las Personas Que Tienen Grandes Sueños Y Metas...Tienen Planes Detallados. Todos los multimillonarios sobre los que has escuchado tienen planes que no podrías creer. Sus planes están detallados en una lista...están *escritos.* Cuentan con un personal que los ayuda a no hacer otra cosa más que trazar mapas para su vida...*y realmente logran realizar sus sueños.*

Es en esto en que queremos ayudarte...*a desarrollar un mapa para tu vida.*

¿En dónde deseas estar en 1 año, 5, 10 y 20 años, en caso de que Jesús se demore? Debes tener un plan con el que puedas trabajar. Siempre podrás *cambiarlo, alterarlo, agregarle elementos o eliminarlo.*

Un Sueño debe ser tan grande de modo que siempre forme parte de cualquier conversación, y que todo otro tema que se trate sea aburrido para ti. *Todo El Valor En Tu Vida Se Relaciona Con Los Problemas Que Estás Deseando Resolver.*

¿Cuál Es El Mayor Sueño En Tu Corazón? Cuando menciono a Bill Gates, tú sabes a qué relacionarlo directamente: *Computadoras.* Evander Holyfield: *Boxeo.* Thomas Edison: *Inventos.* Benny Hinn: *Sanidad.*

Billy Graham.: *Salvación.*

Si mencionas tu nombre y no puedes decirme en una sola oración cuál es tu Sueño...*entonces todavía no sabes cuál es.*

Si no sabes cuál es tu Sueño, nadie más lo sabrá, lo que significa...que nadie participará en él. Tu Sueño debe consumirte. Recuerda la Llave para la Sabiduría Nº 290: *Sólo Tendrás Éxito Significativo Con Algo Que Sea Una Obsesión.*

Anticipa Las Distracciones Demoníacas

Satanás Nunca Reacciona A Tu Pasado, Sino Que Reacciona A Tu Futuro. El aborto es más que una cuestión de homicidio. Es una estrategia satánica para detener el ingreso de libertadores a una generación. Lo intentó con Jesús. Lo intentó con Moisés...y lo intentará contigo.

Toma tiempo construir tu Sueño según el programa de Dios. Existen dos formas de salir de la voluntad de Dios...*adelantarse o quedarse atrás.*

En El Lugar Secreto, debes escuchar las *instrucciones* y los tiempos para lograr algo con la aprobación de Dios. Permanece en Su presencia *el tiempo que sea suficiente*...luego descubrirás Su Plan.

Recuerda la Llave para la Sabiduría Nº 43: *Una Hora En La Presencia De Dios Revelará Los Defectos De Los Planes Programados Con El Mayor Esmero.*

La Biblia Es Un Conjunto De Los Planes De Dios. "Supongamos que alguno de ustedes quiere construir una torre. ¿Acaso no se sienta primero a calcular el costo, para ver si tiene suficiente dinero para terminarla?" (Lucas 14:28).

Un *pensamiento* no es un plan.

Un *deseo* no es un plan.

Una *posibilidad* no es un plan.

Los verdaderos campeones invierten tiempo y energía para desarrollar una meta y un Sueño bien definidos. Planifican para su vida.

Todo el universo revela una planificación... *mediante una Fuerza Divina.* Se dice que si estuviéramos algunas millas más cerca del sol, nos quemaríamos. Si estuviéramos algunas millas más lejos del sol, moriríamos congelados.

Dios es un *estratega,* un *organizador,* un *administrador.* Dios planifica. No es *temperamental,* de *humor cambiante* o *errático* en Su diseño.

Dios Respeta A Los Hombres Que Planifican. Dios respeta a los hombres que creen tanto en su Sueño que elaboran un plan.

Los 17 Secretos De Salomón Para Lograr Tu Sueño

1. **Estableció Un Objetivo Bien Definido.** (Ver 2ᵈᵃ Crónicas 2:1.)

2. **Recibió La Aprobación De Dios Para Su Proyecto.** (Ver 2ᵈᵃ Crónicas 7:16.)

3. **Anunció El Objetivo Y Explicó Su Valor Y Propósito.** (Ver 2ᵈᵃ Crónicas 2:3-4.)

4. **Valoró La Grandeza De Su Objetivo Y Estuvo Orgulloso Del Mismo.** (Ver 2ᵈᵃ Crónicas 2:5.)

5. **Desarrolló Un Plan Detallado.** (Ver 2ᵈᵃ Crónicas 3:3-5.)

6. **Reconoció Sus Limitaciones.** (Ver 2ᵈᵃ Crónicas 2:6.)

7. **Estableció Una Reputación De Integridad.** (Ver 2ᵈᵃ Crónicas 2:11-12.)

8. **Consultó Con Otras Personas Que Habían Sido Exitosas En Sus Proyectos.** (Ver 2ᵈᵃ

Crónicas 2:3.)

9. Reconoció Los Favores Del Pasado Y Solicitó Ayuda. (Ver 2da Crónicas 2:3.)

10. Estableció Un Nivel De Calidad De Primera Clase. (Ver 2da Crónicas 3:6-7.)

11. Involucró A La Mayor Cantidad Posible De Personas En Su Proyecto. (Ver 2da Crónicas 2:17-18.)

12. Organizó Y Delegó Responsabilidades. (Ver 2da Crónicas 2:18.)

13. Utilizó La Experiencia De Los Especialistas. (Ver 2da Crónicas 2:7, 14.)

14. Hizo Que La Descripción Y Los Detalles De Todos Los Contratos Fueran Claros. (Ver 2da Crónicas 2:10.)

15. Retribuyó Y Recompensó A Quienes Lo Ayudaron A Lograr Su Objetivo. (Ver 2da Crónicas 2:9.)

16. Mantuvo Vivo El Entusiasmo Y La Grandeza De Su Proyecto. (Ver 2da Crónicas 2:9.)

17. Estableció Un Programa De Producción. (Ver 2da Crónicas 3:2; 5:1.)

Tu futuro está determinado por lo que deseas que sea. Un hombre malvado con un plan para su futuro lo logrará antes que un Cristiano sin un plan.

Dios trabaja...*a través de sus Leyes.*

Confiar en Sus leyes...*es confiar en Él.*

Cuando confías en el instructor...confías en la instrucción. La prueba de que confías en el instructor será tu *reacción* a sus instrucciones.

El Sueño Extraordinario Requerirá Que Sigas Detenidamente Un Plan Detallado.

Un Sueño Extraordinario
Requiere
Una Preparación Extraordinaria.

-MIKE MURDOCK

6

EL SUEÑO EXTRAORDINARIO REQUERIRÁ DE UNA PREPARACIÓN EXTRAORDINARIA

Tu Futuro Tiene Un Precio...La Preparación.
La Preparación Es La Semilla Para Un Logro Extraordinario.

Dios incluso usa los sueños nocturnos para prepararnos para tiempos malos, como lo hizo con José, quien hizo posible que Faraón se preparara para 7 años de hambre.

El propósito del mensaje de prosperidad no es el exceso sino la preparación para los tiempos de escasez, y que el pueblo de Dios pueda sustentarse.

El propósito del mensaje de prosperidad no es comprar Rolls Royces, anillos de diamantes o prendas de vestir.

El propósito Divino para la prosperidad es el de continuar la provisión en tiempos difíciles. Un Sueño es en parte para la preparación. No es una profecía en todos los casos. Hay una verdad en la frase "un dolor breve para una ganancia prolongada".

Jesús se preparó durante treinta años...para tres años y medio de ministerio.

Moisés se preparó durante ochenta años para llegar a ser el libertador de los israelitas.

Los libros *exitosos* requieren de años de investigación, recolección de datos y conocimiento.

Alguien me dijo que la altura de un árbol era igual a la longitud de la raíz debajo del suelo.

Cuanto *más alto* sea el árbol, *más profundas serán las raíces*. La *fortaleza* del árbol *determina* la cantidad de años.

La Calidad De Tu Preparación Determinará La Calidad De Tu Futuro.

8 Recompensas Por La Preparación

1.   Recuerda La Garantía Bíblica De La Cosecha. "No nos cansemos de hacer el bien, porque a su debido tiempo cosecharemos si no nos damos por vencidos", (Gálatas 6:9). Esa es la garantía de Jesús para ti. *Cosechar es inevitable para quienes son pacientes.* "Bueno es el Señor con quienes en él confían, con todos los que lo buscan. (Lamentaciones 3:25.)

2.   La Preparación No Es Una pérdida De Tiempo Sino Una Semilla Y Una Inversión. *Los grandes sueños implican tiempo.* El Sueño Extraordinario requerirá una administración sabia de tu tiempo. Sé *consciente del tiempo.* Haz que *cada* hora cuente.

3.   Llegar A Ser Experto En Tu Posición Actual Es Parte De Tu Preparación Divina. José lo creyó. El Sueño de Faraón no fue el primer Sueño que José interpretó de manera acertada. Él simplemente reunió otro *Recuerdo de Éxito* cuando interpretó los sueños del copero y del panadero.

4.   La Preparación Aumenta Tu Confianza En Ti Mismo.

5. **La Preparación Es El Catalizador Para Las Relaciones Valiosas.**

6. **La Preparación Concentra Toda Tu atención En Las Personas Que Son Necesarias Para Lograr Tu Meta.**

7. **La Preparación Revela El Tiempo Disponible Que Tienes Para Lograr Tu Meta Y El Costo Financiero Implicado.**

8. **La Preparación Revelará El Camino Más Corto Hacia Tu Meta.**

El Futuro Tiene Un Pecio...

...El Precio Es Soltar El Pasado.

...El Precio De Canaán Es La Salida De Egipto.

No puedes ingresar al futuro hasta que renuncies al pasado.

No puedes reunir las condiciones para mañana hasta que estés dispuesto a soltar la comodidad hoy.

No cuentas con autorización para entrar al palacio en tu futuro si no estás dispuesto a aprender el protocolo para ingresar y permanecer en él.

Toda La Biblia Tiene Que Ver Con La Preparación.

*La historia de Ester es una historia de preparación...*doce meses de tratamientos con aceite antes de pasar una noche con el rey. (Ver Ester Capítulo 2.)

La historia de Rut trata sobre la preparación en los campos de Booz. Ruth se familiarizó con el vocabulario de los sirvientes para poder aprender a conversar con Booz. *Es Necesario Algo En Tu Presente Para Reunir Las Condiciones Para Tu Futuro.*

El Sueño Extraordinario Requerirá De Una Preparación extraordinaria.

El Sueño Extraordinario Es
Un Rival Efectivo Para
Todas Las Distracciones
Y Adversarios.

-MIKE MURDOCK

7

El Sueño Extraordinario Desencadenará A Un Enemigo Extraordinario

Todo Lo Que Dios Ama…Las Tinieblas Lo Odian.

Un Sueño De Parte De Dios Activará A Los Enemigos De Dios. Un Sueño Extraordinario activará una *Adversidad* Extraordinaria…*Enemigos* Extraordinarios.

Cuando Satanás Quiere Destruirte, Introduce Una Persona En Tu Vida (Llave Para La sabiduría Nº 215).

Recuerda la Llave para la Sabiduría Nº 117: *Aparecerá Un Enemigo Sin Oposición.* No "desciendas del muro" como Nehemías hizo con sabiduría. Así que envié unos mensajeros a decirles: "Estoy ocupado en una gran obra, y no puedo ir. Si bajara yo a reunirme con ustedes, la obra se vería interrumpida", (Nehemías 6:3).

Cuando Oral Roberts comenzó a construir la ciudad de la Fe, de 58 pisos, su obsesión era la de combinar la medicina con la sanidad de Dios. Quería que otras personas supieran que Dios utiliza *a los doctores y a la medicina*. La llamó *el Evangelio para el Hombre Completo.* Dios simplemente quiere que estemos bien. La vida no sólo se trata de prepararnos para la eternidad sino que podemos disfrutarla ahora mismo. Lo que comes *tiene importancia*. Hacer ejercicio *tiene importancia; en cada aspecto*, cuidar tu cuerpo *tiene importancia*.

Pero, cuando el Dr. Roberts dio a conocer la construcción de la Ciudad de la Fe, muchos doctores se levantaron en su contra enfurecidos e intentaron destruir su Sueño.

Los doctores que habían tomado el juramento de dedicarse a la *sanidad* y la *salud* de las personas estaban muy enojados. Sentían que afectaría las finanzas en los demás hospitales.

Los Sueños Extraordinarios Requieren De Una Determinación Extraordinaria. Cada persona exitosa se enfrenta a una oposición extraordinaria. Nunca lo olvides. En mi libro *La Ley Del Reconocimiento* comparto 92 verdades sobre la manera de comprender el valor de un enemigo. (Puede solicitar este poderoso libro en línea en: www.TheWisdomCenter.tv).

5 Razones Por Las Que Los Enemigos Son Necesarios

Siempre Tendrás Un Enemigo. Jesús lo sabía. "Por causa de mi nombre todo el mundo los odiará, pero el que se mantenga firme hasta el fin será salvo", (Mateo 10:22). Jesús era perfecto *y sin embargo tenía un enemigo*.

1. Los Enemigos Ponen En Evidencia Tu Debilidad. Los enemigos *dan origen a la humildad...* un imán para los demás y para Dios mismo. *La humildad es el reconocimiento de lo que no tienes. Origina la capacidad de valorar lo que los demás sí poseen.*

2. Los Enemigos Revelan Tus

Limitaciones. Esto te obliga a interesarte en los dones que están ocultos en quienes te rodean. El amor es siempre un mapa hacia el tesoro. *Lo Que Dios No Ha Puesto En Ti, Lo Ha Puesto En Alguien Cercano A Ti.*

3.　**Los Enemigos Son Los Puentes Entre La Oscuridad Y La Trascendencia.** David comprendió esto. Un día era un simple pastorcito de ovejas, que se reía y hacía enojar a sus hermanos. Al día siguiente todos en Israel gritaban su nombre. Miles de mujeres bailaban en las calles. *Sus cuentas fueron saldadas.* Goliat fue la *Llave Maestra* que reveló su diferencia singular de los demás.

4.　**En Última Instancia, Tu Enemigo Revelará La Grandeza De Dios Para Ti.** Tu corazón podrá *dudar*. Tu mente podrá estar *confundida*. A pesar de todo, en una crisis, Dios expondrá Su poder y amor hacia ti.

5.　**A Menudo Los Enemigos Te Obligan A Usar Los Dones Ocultos Guardados En Tu Interior.** Esos dones permanecen inutilizados en un clima confortable.

A Un Enemigo Se Lo Debe Conquistar, No Comprender. No intentes entender a tu adversario. Mantente concentrado.

¿Quién Es Un Enemigo?

► *Tu Enemigo Es Cualquiera Que Debilite Tu Pasión Por Tu Futuro Y Por Tu Sueño.*

► *Tu Enemigo Es Cualquiera Que Se Moleste Por Tu Progreso O Por Las Metas Que Estés Persiguiendo.*
La Gente En La Que Confías Es La Que Te Destruye.

► *Un Enemigo Es Cualquiera Que Prefiera*

Conversar Sobre Tus Defectos Antes Que Sobre Tu Futuro.

4 Claves Para Vencer A Un Enemigo

1. **Desarrolla La Cautela Y La Atención Sobre La Veracidad Y Los Detalles De Tu Vida.** No les des una razón para atacarte.

2. **Obsesiónate Con La Integridad Y La Veracidad.** Protege tus metas y tu vida cuidadosamente. Di la verdad.

3. **Asesórate Con Consejeros Que Hayan Vencido La Misma Oposición.** Nunca intentes sobrevivir a una batalla sin un consejero. Los consejeros ven lo que tú no ves. Conocen a tu enemigo mejor que tú. Dales participación en tu vida.

4. **Mantente Concentrado En Tus Metas Todo El Tiempo.** La Única Arma Que Posee Tu Enemigo Es La Distracción. El objetivo de tu adversario no es simplemente tu destrucción; si fuera así ya te habría destruido. Su objetivo es distraerte de tu *Tarea...* del problema que Dios creó para que resolvieras.

7 Verdades Sobre Tus Enemigos

1. **Tu Enemigo Es Cualquier Persona A La Que Le Moleste Tu Deseo De Progresar Y Las Recompensas Que Esto Conlleva.** *Se lanzan acusaciones y a menudo llegan a creerse, lo cual causa incomodidad y desconfianza.*

2. **Siempre Tendrás Un Enemigo.** Jesús lo sabía. "Por causa de mi nombre todo el mundo los odiará, pero el que se mantenga firme hasta el fin será salvo", (Mateo 10:22).

3. **Tu Enemigo Es Cualquiera Que**

Intensifique O Fortalezca Una Debilidad Personal Que Dios Está Intentando Quitar De Tu Vida. *Dalila infundió vida a la debilidad de Sansón. Ella era su enemiga.* (Ver Jueces 16.)

4. **Tu Enemigo Es Cualquiera Que Intente Destruir La Fe Que Dios Está Originando En Tu Interior.** *Dios podría estar dando origen a tu ministerio. Tu enemigo es cualquier persona que intente abortar el surgimiento de ese Sueño.*

5. **Tu Enemigo Es Cualquiera Que Prefiera Conversar Sobre Tu Pasado Antes Que Sobre Tu Futuro.** *Ayer ya pasó. Con la pincelada magistral del artista Principal, Jesús vio a la mujer sorprendida en adulterio. Con una sola pincelada de misericordia, borró su pasado y dijo: "Ahora vete, y no vuelvas a pecar". "Ella dijo, Nadie, Señor. Y Jesús le dijo, Tampoco yo te condeno. Ahora vete, y no vuelvas a pecar", (Juan 8:11).*

6. **A Veces Tus Enemigos Están En Tu Propio Grupo Familiar.** *El Espíritu Santo proveerá respuestas con respecto a tu enemigo. Dios podría guiarte a hacer un ayuno personal. Ayunar moverá la mano de Dios hacia la destrucción de tu enemigo.*

7. **Dios No Permitirá Que Tu Enemigo Gane.** *No puedes vencer a tu enemigo con tus propias fuerzas.* "El SEÑOR está conmigo, y no tengo miedo; ¿qué me puede hacer un simple mortal?" (Salmos 118:6). "No es que nos consideremos competentes en nosotros mismos. Nuestra capacidad viene de Dios", (2da Corintios 3:5).

5 Maneras En Las Que El Espíritu Santo Te Protegerá

1. *En Tu Lugar Secreto De Oración El Espíritu Santo Te Impartirá Sabiduría Para Vencer A Tu*

Enemigo.

2. *El Espíritu Santo Revelará Cualquier Trampa Preparada Por El Enemigo.*

3. *El Espíritu Santo Que Hay En Ti Es Más Poderoso Que Cualquier Enemigo Que Tengas Que Enfrentar.*

4. *El Espíritu Santo Desmoralizará Y Debilitará A Tu Enemigo Infundiéndole Miedo Delante De Ti Aún Antes De Que La Batalla Comience.*

5. *En Muchas Ocasiones el espíritu Santo Traerá Convicción Sobre Tus Enemigos.*

El Sueño Extraordinario Desencadenará A Un Enemigo Extraordinario.

～ 8 ～

EL SUEÑO EXTRAORDINARIO ES LA FUERZA QUE CREA GENTE EXTRAORDINARIA

¿Existe Una Energía Volcánica En Tu Interior?

¿Es tu Sueño un Volcán de energía, vivo y ardiente?

Millones de personas odian el ciclo de sus vidas actuales. Toman conciencia de un mundo de mediocridad y monotonía. Cada mañana, con desgano dan un paso hacia la *Rutina de la Normalidad* y comienzan *su Peregrinaje hacia Ninguna Parte.*

Dios tiene un plan mejor. *Dios te ha asignado a hacer algo que NADIE ha hecho antes.* Algo que nadie en tu familia ha hecho antes.

¿Qué Es Un Sueño Extraordinario?

El Sueño Extraordinario es algo que siempre has querido *Experimentar, Poseer o Producir.*

No importa en absoluto si los demás lo alcanzan o no. Todos a tu alrededor pueden parecer pasivos y desinteresados.

Lo que importa es que te muevas en la dirección del Sueño Extraordinario.

Estás más cerca que nunca de comenzar la mejor

época de toda tu vida.

El Sueño Extraordinario Es La Imagen Invisible Del Mañana En Tu Interior. El deseo es el milagro. Aliméntalo y se convertirá en un deseo intenso. Incentívalo más y se convertirá en una *obsesión*.

Las Personas Extraordinarias Tienen Pensamientos Extraordinarios. Cuando sea posible, valdría la pena tomarte el tiempo de escuchar el documental de Martin Luther King sobre el Sueño que tuvo. No es fácil creer que hubo un tiempo en que a las mujeres no se les permitía votar. Era como si fueran menos que humanas, que el color de tu piel determinara lo que podías y no podías hacer.

Martin Luther King tenía un mensaje: *"Tengo un Sueño"*. Creo que vale la pena escucharlo *reiteradas* veces. Él agitó las Semillas de Grandeza entre su pueblo, diciendo que es posible tener un lugar en la vida donde puedas ser tratado con honor, ser respetado como un ser humano normal.

Su Sueño le costó la vida.

Tu Obsesión Liberará Tu Grandeza. Tu obsesión por tu Sueño debe ser un imán irresistible que atraiga a los demás hacia ti para que participen. *Tu Obsesión Dará A Luz Pasión.*

La pasión es una corriente que decide qué viene a ti o qué se aleja de ti. Tu Sueño es el rival de tus Distracciones y Adversarios. A muchos de ellos tu alegría no les importa.

▶ Tu Futuro *Está Justo Por Delante.*
▶ Tus Días Más Felices *Están A Punto De Llegar.*
▶ Todo Lo Que Siempre Has Querido *Está A Punto De Suceder.*

Cada momento que le dediques a tu Sueño te dará

energía, te fortalecerá y te traerá gran alegría.
El Sueño Extraordinario está en tu interior.
Nadie puede verlo...sólo tú.

8 Recompensas Por Mantenerte Enfocado En Tu Sueño

1. El Sueño Extraordinario *Intimidará A Quienes Son Temerosos, Porque No Han Determinado Sus Propios Sueños.*

2. El Sueño Extraordinario *Levantará Opiniones Disconformes A Tu Alrededor.* Luego Dios las usará como Claves de Oro para Abrir El Tesoro de Ideas Extraordinarias para ti.

3. El Sueño Extraordinario *Quitará A Las Personas Incorrectas De Tu Vida.*

4. El Sueño Extraordinario *Es Una Semilla Para Dar A Luz El Mañana.*

5. El Sueño Extraordinario *Te Aleja De Tu Presente y Da A Luz Tu Futuro.*

6. El Sueño Extraordinario *Es Tu Compañero Invisible En Cada Aventura De La Vida, Y Te Acompaña En Cada paso Del Camino.*

7. El Sueño Extraordinario *Es Como Una Semilla Oculta.* Está allí aún cuando no la sientes... sensible al riego refrescante de palabras y ambiente correctos.

8. El Sueño Extraordinario *Libera Semillas Invisibles De Pasión Que Actualmente Están Latentes En Tu Mente.*

Tómate el tiempo para considerar qué necesitas contarle a los demás acerca de tu Sueño. Las desilusiones, conflictos y obstáculos inesperados pueden bloquear tu visión.

Cuando dejes de visualizar El Sueño Extraordinario, la depresión te sofocará. Es por eso que necesitas saber cómo mantenerte motivado hacia tu Sueño.

El Sueño Extraordinario Es La Fuerza Que Crea Gente Extraordinaria.

9

EL SUEÑO EXTRAORDINARIO TRAERÁ RECOMPENSAS PARA TODA TU FAMILIA

Nadie Más Puede Ser Como Tú.

Lo Que Haya En Tu Interior Cambiará A Todos Los Que Te Rodean. *Dios te planeó. Eres distinto a cualquier otra persona sobre la tierra.*

Esta es la historia de José en el libro de Génesis. La vida de José entusiasma a los Exitosos Extraordinarios. Los Sueños de José trajeron recompensas para su familia. "Cierto día José tuvo un sueño y, cuando se lo contó a sus hermanos, éstos le tuvieron más odio todavía, pues les dijo:—Préstenme atención, que les voy a contar lo que he soñado. Resulta que estábamos todos nosotros en el campo atando gavillas. De pronto, mi gavilla se levantó y quedó erguida, mientras que las de ustedes se juntaron alrededor de la mía y le hicieron reverencias. Sus hermanos replicaron:—¿De veras crees que vas a reinar sobre nosotros, y que nos vas a someter? Y lo odiaron aún más por los sueños que él les contaba. Después José tuvo otro sueño, y se lo contó a sus hermanos. Les dijo:—Tuve otro sueño, en el que veía que el sol, la luna y once estrellas me hacían reverencias. Cuando se lo contó a su padre y a sus hermanos, su padre lo reprendió:—¿Qué quieres decirnos con este sueño que has tenido?—le preguntó—¿Acaso tu madre, tus hermanos y yo vendremos a hacerte reverencias? Sus hermanos le tenían envidia, pero su padre meditaba en todo esto", (Génesis 37:5-11).

La escascz habría destruido a los egipcios, pero José fue *su recompensa. Tuvo la habilidad de interpretar sueños,* lo cual demostró ser un mensaje de Dios para Faraón.

Recuerda la Llave para la Sabiduría N° 54: *Tu Importancia No Se Encuentra En La Similitud Con El Otro, Sino En Lo Que Te Diferencia Del Otro.* Toma esto.

Dios no es un duplicador. Es un creador. Eres perfecto y genéticamente exacto para resolver un problema específico para alguien en la tierra.

Es importante que entiendas que no eres necesario en todas partes. Eres necesario en un *lugar y tiempo específicos y para una persona específica.* No te ofendas por esto. Está todo en el plan de Dios.

Los hermanos de José odiaban la dedicación que su padre le demostraba. Despreciaban su *diferencia.*

José dijo: "—Préstenme atención, que les voy a contar lo que he soñado". Y les explicó el Sueño. *Nada es más traumático que confiar en quienes no confían en ti.*

¿Por qué José les contó a sus hermanos?

Porque cuando Dios pone algo en tu corazón, quieres compartirlo. Cuando Dios pone un Sueño en tu interior, una meta, una imagen de algo que puedes hacer o tener...quieres involucrar a los demás.

Tu Sueño es diferente de tu Tarea.

Tu *Tarea* es el problema que resuelves.

Tu *Sueño* es la recompensa que recibes por hacer tu Tarea. Dios no le dio a José una imagen de sus responsabilidades. Le dio una imagen de sus recompensas.

Un Sueño Extraordinario De Parte De Dios Causará Separación. Es posible que los que te rodean no lo comprendan. A menudo tendrás oposición de parte de las personas más cercanas a ti. Los hermanos de José lo vendieron como esclavo pero Dios lo protegió. Dios tenía un plan que cumplir en su vida. "Ahora bien, el Señor estaba con José y las cosas le salían muy bien", (Génesis 39:2). José halló gracia delante de Sus ojos. El Señor bendijo a los egipcios.

A la esposa de Potifar le atraía José. Lo deseaba. Lo perseguía con *desesperación*, pero el se negaba continuamente. No obstante, ella lo acusó falsamente por algo que él no hizo. Todos le *creyeron* a ella. *Sí, esto también puede pasarte.* Muchos pastores han llegado a experimentar la crucifixión de su credibilidad en los medios.

Cuando Tu Sueño Extraordinario Muere

▶ *¿Qué haces cuando muere tu Sueño?*
▶ *¿Qué haces cuando te acusan falsamente y todos creen las mentiras?*
▶ *¿Qué haces cuando han manchado tu reputación?*
▶ *¿Qué haces cuando han destruido tu credibilidad?*
▶ *¿Qué haces cuando no puedes protegerte?*

José Se Convirtió En Un Hombre Capaz De Solucionar Problemas Dentro de Una Prisión Que No Merecía. José mantuvo un espíritu apacible. No discutió las falsas acusaciones. *La Meditación, la Mente, las Conversaciones*...dan vida.

Deja de discutir acerca de lo que quieres que deje de existir.

Retrata Al Sueño Extraordinario En Tu Mente

Elías "retrató la imagen" de un Sueño para la viuda de Sarepta. (Ver 1era Reyes 17.)

Ella no podía Soñar más. Su Sueño había muerto cuando vio a su hijo enfermo muriendo. Esta era su última comida. Dios había secado el arroyo.

Dios trajo a Elías a la casa de la mujer para infundir nueva vida a su Sueño. Fue el Sueño lo que la motivó a la *obediencia*.

La grandeza de Elías no impresionó a la viuda. Tampoco lo hizo su *carisma*, sus palabras *ungidas*...ni siquiera su *aura* la impresionó.

Ella simplemente escuchó a un hombre de Dios diciendo que su provisión de aceite no faltaría. No tendría que preocuparse por su futuro. *Dios proveería.*

Elías retrató un Sueño Extraordinario en su mente. *Ella se decidió a creerlo.*

¿Cuál era la imagen mental de la viuda antes de que él llegara? *La muerte.* Él lo vio en su cara. Lo escuchó en sus palabras. Ella no tenía fe. No había *nadie más* que le diera palabras de vida. Nadie en su vida vio su futuro. No tenía un futuro...hasta que un profeta habló.

Las Palabras Son Las Semillas De Los Sentimientos.

Las Palabras Son Las Semillas De La Persuasión.

Lo que la viuda vio a su alrededor era muy visible, muy dominante. Lo único que podía ver era su presente.

Entonces, un hombre de Dios llegó a su vida y dijo: "Déjame decirte cómo puede ser tu futuro".

Algo En Tu Mano Es La Semilla Que Generará El Futuro Que Quieras. (Ver Lucas 6:38.)

Ella *escuchó.* Su corazón creyó, y dijo: "Si la semilla

es el precio de mi futuro la sembraré". Obtuvo los beneficios de la *obediencia*...la recompensa de su Sueño Extraordinario. "Ella fue e hizo lo que le había dicho Elías, de modo que cada día hubo comida para ella y su hijo, como también para Elías", (1^{era} Reyes 17:15).

Recuerda la Llave para la Sabiduría N° 4: *Cuando Tú Sueltes Lo Que Hay En Tu Mano, Dios Soltará Lo Que Hay En La Suya.*

Un Sueño Extraordinario
Requerirá De Un
Consejero Extraordinario.

-MIKE MURDOCK

≈ 10 ≈
EL SUEÑO EXTRAORDINARIO REQUERIRÁ DE DE UN CONSEJERO EXTRAORDINARIO

No Puedes Tener Éxito Tú Solo.

Nunca nadie lo ha logrado. Nunca nadie lo logrará. Verás, dos son siempre mejores que uno. Más valen dos que uno...¡La cuerda de tres hilos no se rompe fácilmente! "Uno solo puede ser vencido, pero dos pueden resistir. ¡La cuerda de tres hilos no se rompe fácilmente!" (Eclesiastés 4:12).

La Consejería es la transferencia de Sabiduría.

La sabiduría no es genética. Puedes ser un padre estúpido como Saúl, y tener un hijo brillante como Jonatán. *La sabiduría* es la diferencia entre tu prosperidad y la pobreza. *La sabiduría* es la diferencia entre las épocas.

¿Qué Es La Consejería?

► La Consejería Es La Sabiduría Sin La Espera.

► La Consejería Es El Éxito Sin El Dolor.

► La Consejería Es El Aprendizaje A Través De Las Pérdidas De Otra Persona.

¿Qué Es Un Consejero?

▶ El Consejero Extraordinario es un maestro de confianza.

▶ El Consejero Extraordinario se enfoca en tu futuro. Pocas personas disciernen al Consejero Extraordinario que Dios trajo a sus vidas. Esto explica por qué el éxito le toma tanto tiempo...a tantas personas.

Tus Metas Escogen A Tu Consejero. Eliseo quería una doble porción de la unción que fluía a través del profeta Elías. Esas *metas, deseo y pasión* le llevaron a buscar a Elías.

▶ El Secreto Principal De La Vida Es La Sabiduría.

▶ El Secreto Principal De La Sabiduría Es... Hacer Preguntas.

▶ Tus Preguntas Revelan Tu Pasión.

La Reina de Sabá buscó a Salomón y le hizo preguntas. Confiaba en que él tendría las respuestas correctas. *¿Qué preguntas estás haciendo?*

2 Maneras De Recibir Sabiduría

Errores Y Consejeros.

La experiencia es la forma de enseñanza *más lenta* de Dios. Dios usa *los errores* para enseñar a los necios que no están dispuestos a sentarse a los pies del Consejero.

El Consejero Extraordinario es una Llave Maestra para alcanzar El Sueño Extraordinario.

A continuación verás algunas verdades poderosas acerca de tu relación con tus Consejeros.

9 Verdades Sobre El Consejero Extraordinario

1.   **El Consejero Extraordinario Es Tu Entrenador, No Tu Animador.**
2.   **El Consejero Extraordinario Puede No Decirte Lo Que Estás Haciendo Bien, Sino Lo Que Estás Haciendo Mal.**
3.   **El Consejero Extraordinario No Te Elogiará.** Te Corregirá.
4.   **El Consejero Extraordinario No Justificará Tu Fracaso.** Expondrá Los Motivos Del Mismo.
5.   **El Consejero Extraordinario No Ignora Tus Defectos.** Te Ayuda A Superarlos.
6.   **El Consejero Extraordinario Es Un Asesor Experimentado.** Ve Algo Que Tú No Ves.
7.   **El Consejero Extraordinario Sabrá Algo Que Tú No Sabes.**
8.   **El Consejero Extraordinario Verá Posibles Peligros Y Trampas Potenciales Que No Puedes Ver.**
9.   **Es Tu Responsabilidad Buscar Y Desarrollar Una Relación Sólida Con Un Consejero Extraordinario.** Eliseo lo buscó a Elías. Rut la buscó a Noemí.

Sólo cuando descubras tu Sueño reconocerás al Consejero que valga la pena buscar.

Los actuales campeones famosos y extraordinarios de todo el mundo tuvieron o siguen teniendo a alguien cercano que *continuamente* les da consejos firmes.

Estos Consejeros quieren que tengan éxito y que avancen hacia sus Sueños. Su *compasión, cuidado y experiencia* valen una pequeña fortuna para ti si te tomas el tiempo para escuchar, indagar y ser *agradecido*.

Los Consejeros Otorgan Credibilidad

Una de mis ilustraciones favoritas es acerca de un abogado mayor que almorzó con un abogado joven recién graduado de la universidad.

De regreso a la oficina después del almuerzo, este abogado mayor, legendario y famoso, apoyó su mano sobre el hombro del joven.

Caminaron lentamente de regreso a sus oficinas. Mucha gente los vio.

Cuando el abogado joven entró a su oficina se sentía muy desanimado. Él esperaba algunas recomendaciones del abogado sobre algunos casos específicos. Quería que el abogado mayor le diera algunos de sus asuntos.

Financieramente, el abogado joven era casi indigente. Sabía que toma tiempo conseguir clientes propios y edificar la integridad ante los ojos de una comunidad.

"Me podría haber dado varios casos que habrían hecho una gran diferencia para mi", protestaba para sí con gran desánimo.

Sin embargo, la semana siguiente recibió varios llamados telefónicos. En las semanas subsiguientes recibió muchos casos. ¿Qué había ocurrido?

Quienes observaron que el legendario abogado dialogaba y se relacionaba con el abogado joven comenzaron a creer en el potencial y futuro del joven. A esto lo llamo la *"transferencia de credibilidad"*.

Necesitarás personas que puedan compartir sus experiencias contigo. Algunos han saboreado el fracaso, y otros pueden compartir las razones específicas por las que no fallaron.

¡Conéctate con alguien cuya influencia admires! Necesitas de quienes te corrijan y te hagan pensar dos

veces sobre una decisión importante.

Los alentadores son fundamentales. Necesitarás y te beneficiarás de una confrontación honesta. Uno de mis más grandes pesares es no haber tenido personas honestas y calificadas que me confrontaran en relación con las decisiones y direcciones que tomé a lo largo de los años.

El Favor Es Cuando Los Demás Quieren Ayudarte. Ellos creen en ti. A veces, ni siquiera comprenden por qué tienen este misterioso deseo de auxiliarte. Sin embargo, su Sabiduría puede hacer que tu vida sea mil veces más sencilla.

Busca intercesores.

Busca Consejeros. En especial quienes sean *piadosos, maduros y compasivos...experimentados.* "Además les digo que si dos de ustedes en la tierra se ponen de acuerdo sobre cualquier cosa que pidan, les será concedida por mi Padre que está en el cielo", (Mateo 18:19).

Un joven que viajaba conmigo les decía a todos que era mi protegido.

Lo detuve y le dije: "Dime las últimas tres preguntas que me hiciste". *No pudo mencionar ni una.*

Le dije: "Has tomados decisiones importantes que afectarán el resto de tu vida sin siquiera consultarme. De hecho, lo has hecho en secreto. No quiero que nadie piense que soy responsable por la clase de decisiones que has tomado. Es una vergüenza para mí". Recuerda la Llave para la Sabiduría N° 297: *La Búsqueda Del Consejero Revela La Pasión Del Protegido.*

Tu Elección De Consejeros Revela Mucho

▶ Cuando sepa quién te aconseja...*conoceré tus prioridades.*

► Cuando veo a Noemí, *conozco la esencia de Rut.*

► Cuando escucho a Pablo, *tengo la información que Timoteo usó para tomar decisiones.*

► Cuando observo a Mardoqueo, *puedo discernir los principios dentro de Ester.*

► Cuando estudio la vida de Moisés, *comprendo los momentos decisivos de Josué.*

Tu Consejero Puede No Ser Tu Mejor Amigo

► **Tu Mejor Amigo** te ama por como eres.
Tu Consejero te ama demasiado como para dejarte como eres.

► **Tu Mejor Amigo** se siente cómodo con tu pasado.
Tu Consejero se siente cómodo con tu futuro.

► **Tu Mejor Amigo** arriesgará tu éxito para conservar tu aprobación.
Tu Consejero arriesgará tu afecto para ayudarte a tener éxito.

8 Obstáculos Para Reconocer A Un Consejero Extraordinario

1. **El Orgullo Puede Cegar Tu Reconocimiento Del Consejero Extraordinario.** Los Fariseos se llenaron de orgullo y no reconocieron que Jesús era el Hijo de Dios.

2. **La Culpa Puede Cegar Tu Reconocimiento Del Consejero Extraordinario.** Cuando las personas se sienten culpables a causa de un pecado en sus vidas…la presencia de un hombre santo los intimidará.

3.   Los Celos Pueden Con Frecuencia Cegar Tu Reconocimiento Del Consejero Extraordinario. Los celos y la envidia nos han robado muchas bendiciones que Dios tiene guardadas para nosotros.

4.   Las Voces De Influencia Equivocadas Pueden Cegar Tu Reconocimiento Del Consejero Extraordinario. Es peligroso cuando los padres hablan irrespetuosamente del hombre de Dios en presencia de sus hijos.

5.   Los Consejeros Con Prejuicios Pueden Cegar Tu Reconocimiento Del Consejero Extraordinario. Ten cuidado de no prolongar *inconcientemente* los prejuicios de los demás.

6.   La Arrogancia Puede Cegar Tu Reconocimiento Del Consejero Extraordinario. La arrogancia de Amán lo cegó a la grandeza de Mardoqueo.

7.   Tu Agenda Personal Puede Cegar Tu Reconocimiento Del Consejero Extraordinario. Es importante reconocer a un hombre de Dios aún cuando *personalmente* no puedas escuchar la Voz de Dios.

8.   A Menudo La Familiaridad Ciega Tu Reconocimiento Del Consejero Extraordinario. Los pastores experimentan esto con frecuencia. Como su congregación los ve a menudo, su humanidad es evidente y en demasiadas ocasiones la gente se concentra en las debilidades. Los miembros de la familia sufren mucho a causa de la familiaridad.

No obstante, ya sea a un pastor, asesor o Consejero, *Deberás Estar En Sujeción A Alguien Durante El Proceso De Tu Sueño Extraordinario.*

Cada Amistad Cultiva
Una Fortaleza O
Una Debilidad.

-MIKE MURDOCK

≈ 11 ≈
El Sueño Extraordinario Dará A Luz Cambios En Tus Relaciones

Tu Sueño Decide Quién Disfrutará Contigo.
El Sueño Extraordinario decide quién forma parte de tu entorno. Cultiva relaciones conectadas a tu Sueño.

Necesitas de personas que te motiven y te alienten. ¿Cuáles son las diez personas más importantes que necesitas para finalizar y dar a luz el Sueño en tu corazón? Necesitarás de personas que sean *genuinas, sinceras* y *afectuosas* contigo.

Las Relaciones Doradas Son Instrumentos Y Puentes Vitales...que han sido enviadas a tu vida para ayudarte a superar la curva del cambio. Habrá momentos de desilusión. Es posible que te desilusiones contigo mismo.

Necesitarás hablar con alguien que exprese palabras de fe y de victoria a tu mente.

Necesitarás de alguien que no esté distraído con tus cargas o que no esté asociado a tus temores y dolor.

Necesitarás de alguien que valore la diferencia entre tú y él.

Necesitarás De Amistades Extraordinarias Para Lograr Un Sueño Extraordinario. Recuerda la Llave para la Sabiduría Nº 326: *Quienes No Pueden*

Valorizarte, Inevitablemente Te Desvalorizarán.
La Amistades Alimentan Tu Temor O Tu Fe.
Identifica a quienes *generan tu comodidad y desarrollan tu fe.*

Lista De Control Con Preguntas

- ► ¿Quiénes Son Tus Amigos?
- ► ¿Los Admiras?
- ► ¿Te Admiran?
- ► ¿A Quiénes Les Permites Un Acercamiento A Tu Vida?
- ► ¿Construyen Tu Fe O Aumentan Tus Temores?
- ► ¿Quién Ha Percibido Tu Grandeza?
- ► ¿Quién Reconoce Tus Rasgos Extraordinarios?

Discierne Quién Te Responde Más

Si vas a lograr tu Sueño, necesitarás de la ayuda de los demás para hacerlo.

Haz referencia a tu Sueño en las conversaciones telefónicas cuando sea adecuado. Cuando tus amigos te pidan una lista de dones, proporciónales una idea del don que esté relacionado con la obtención de tu Sueño.

Tu pasión por tu sueño aumentará a medida que comuniques la importancia del mismo a los demás. Tu familia y amigos se familiarizarán con tu futuro y desearán ayudarte a obtener tu Sueño.

Pocos amigos permanecerán en tu vida para siempre. Las amistades se dan generalmente por períodos...dependen de tu búsqueda y de tu conveniencia. *No Derroches Energía En Amistades Que No Estimulen Tu Vida.*

Quienes admiren tu Sueño desearán participar e

involucrarse. Cuando quieras ir a pescar, vendrán contigo quienes disfruten de la pesca. Cuando desees ver una película, querrán ir contigo quienes aman las películas.

Las relaciones siempre cambiarán en función de tu enfoque y pasión.

Mi querido amigo, Sherman Owens, me enseñó: "Escucha a las personas infelices para encontrar ideas". Esto es muy importante. En todas partes hay alguien lastimado. Algunos lo ocultan. Otros lo expresan.

Sin embargo, cuando comienzas a escuchar sobre las situaciones dolorosas que te rodean, emergerán ideas para resolver tales situaciones. *Tales soluciones traen consigo recompensas. Tu solución generará una amistad.*

Tu Sueño Debe Ser Personal. Es esencial que descubras tu Sueño y te dediques completamente a él. "Que cada uno permanezca en la condición en que estaba cuando Dios lo llamó", (1^{era} Corintios 7:20).

Es una pérdida de tiempo inútil buscar hacer en tu vida lo que los demás tienen en mente para ti. Dios tiene un plan.

Dios no hace distinción de personas. Él te creó para un momento y una época especiales.

Te creó con un propósito específico. Sin embargo, *tus elecciones personales* determinarán tu destino.

El Espíritu Santo Es Fiel Para Ayudarte Con Tu Sueño. "Pero el SEÑOR me dijo: No digas: Soy muy joven, porque vas a ir adondequiera que yo te envíe, y vas a decir todo lo que yo te ordene. No le temas a nadie, que yo estoy contigo para librarte. Lo afirma el SEÑOR", (Jeremías 1:7-8).

▶ *Tu Sueño luchará por vivir...como una rosa en un jardín repleto de malezas.*

▶ *A menudo, tu Sueño luchará por*

recibir luz solar en un mundo de oscuridad.

▶ *Tu Sueño tendrá ansias de agua entre los espinos de la frustración.*

Cuando te encuentres en la batalla más difícil, eso generalmente será un indicio de que te encuentras en la escena misma del cumplimiento de tu Sueño.

Nunca hables sobre tu Sueño de forma despreocupada con amigos indiferentes.

Recuerda la Llave para la Sabiduría N° 123: *Cada Amistad Cultiva Una Fortaleza O Una Debilidad.*

El Sueño Extraordinario Dará A Luz Cambios En Tus Relaciones.

12

EL SUEÑO EXTRAORDINARIO REQUERIRÁ DE LA MANO MILAGROSA DE DIOS

Dios Diseña El Futuro...Tú Lo Eliges.

Discernir el Sueño es tu responsabilidad. *Dios Nunca Dará A Luz Un Sueño Dentro De Ti Que Se Pueda Obtener Sin Él.*

No puedes tener éxito sin Dios. Jesús lo dijo claramente. Pidan...Busquen...Llamen...a las puertas cerradas. No tienes derecho a obtener algo que no hayas buscado. Honra las capacidades del otro. Recuerda la Llave para la Sabiduría Nº 98: *Cada Paso Hacia La Autosuficiencia Es Un Paso Lejos De Dios.*

▶ Preguntar *Demuestra Honor.*

▶ Preguntar *Demuestra Humildad.*

▶ Preguntar *Demuestra Respeto.*

¿Cuál es tu *Sueño*, tu *Meta*? Si te importa a ti... también le importa a Dios. ¿En quién has elegido creer? ¿Cómo quieres que sea tu futuro?

¿Qué?

Cuando Tú Decidas Lo Que Quieres, Dios Se Involucrará. Él te otorga El Sueño Extraordinario para que te mantengas conectado a Él y perpetúes Sus planes y deseos. Se requiere de la ayuda de Dios y Su Sabiduría para completar ese Sueño.

2 Claves Para Esperar Milagros

1. Decide Qué Milagro Deseas. La Fe Requiere De Un Enfoque. Cuando le das opciones a la fe, ésta se desconecta. Renuncia. La fe necesita claridad. ¿Sabes lo que realmente deseas? ¿Cuál es tu Sueño verdadero? ¿Qué deseas que Dios haga por ti?

2. Cuando Tú Decidas Lo Que Quieres, Dios Se Involucrará. A unos pocos centímetros de distancia de Jesucristo estaba una mujer que había padecido hemorragias durante 12 años. No recibió la sanidad en ese momento. A un paso de Él, estando a su alcance...ella no recibió la sanidad. *Tenía que tocarlo.*

El ciego no recibió la atención de Jesús. Jesús pasaba por ahí. Cuando el ciego clamó, demostró una pasión extraordinaria. Sabía lo que verdaderamente quería, *y Jesús se involucró.*

Dios Nunca Responde A Tu Dolor, Él Sólo Responde A Tu Búsqueda.

El Sueño Extraordinario siempre requerirá de la ayuda de los demás. *Las Relaciones Doradas son necesarias.* José nunca podría haber llegado al palacio sin que el mayordomo lo relacionara con Faraón. Pocas veces Jesús realizó "llamados al altar" para los Fariseos. Se fue a la casa de Zaqueo, el recaudador de impuestos. *¿El motivo?* Él responde a la pasión en los demás.

Tu Sueño Es Personalizado...Por Dios.

► Tu Sueño Está Conectado A Tu *Personalidad*.

► Tu Sueño Está Conectado A Tu *Imaginación*.

► Tu Sueño Está Conectado A Tus *Dones*.

Y no estoy hablando de los sueños que tienes cuando comes demasiada pizza o espaguetis tarde en la noche. No estoy hablando de esa clase de Sueño.

Hablo de una *Meta*, una *Obsesión*. *Algo* que deseas *tener, hacer* o *ser*.

Siempre está presente en tu mente. Está dentro tuyo y está creciendo o muriendo. Está aumentando o disminuyendo de tamaño.

Nadie puede verlo, sólo tú puedes hacerlo.

A medida que distingues tus *dones, talentos* y *capacidades* involucrados en tu Sueño, recuerda lo siguiente:

3 Claves Importantes

1. *Dios Te Ha Capacitado Para Ser Una Solución Perfecta Para Alguien.*
2. *Los Demás Tienen La Responsabilidad De Discernir Que Has Sido Asignado A Ellos.*
3. *Cuando Descubras A Quién Has Sido Asignado, Experimentarás Una Gran Paz, Realización Y Provisión Para Tu Vida.*

Una vez le pregunté a un joven qué era lo que deseaba ser en la vida.

Él contesto, "médico".

"¿Has tenido siempre ese Sueño desde la niñez?" le pregunté.

"En realidad, no. Mi madre siempre pensó que eso sería algo bueno para que yo haga. De modo que creo que voy a intentar con eso", fue su *incierta* respuesta.

¡Qué triste! No le irá bien. De hecho, probablemente abandonará la Facultad de Medicina antes de terminarla. *¿El motivo?* Tú sólo persistirás en algo que te ofrezca *placer, beneficios* o *ventajas* importantes.

Tu Sueño Extraordinario Debe Ser Lo Suficientemente Fuerte Como Para Mantener Tu Interés Y Atención. *El Sueño Extraordinario* *calificará a quienes merezcan tener acceso a ti.* Avanza hacia tu Meta...tu *Sueño.* Realiza todas las inversiones necesarias.

A veces puede requerir un cambio de ciudad.

Tienes que estar dispuesto a *pagar el precio.*

Genera, *desarrolla* y *haz* que tu Sueño Extraordinario se convierta en realidad. Recuerda la Llave para la Sabiduría Nº 343: *Los Campeones Toman Decisiones Que Generan El Futuro Que Desean; Los Perdedores Toman Decisiones Que Generan El Presente Que Desean.*

El Sueño Extraordinario Requerirá De La Mano Milagrosa De Dios.

~ 13 ~
EL SUEÑO EXTRAORDINARIO DEBE CONVERTIRSE EN TODA TU OBSESIÓN

La Obsesión De Jesús Era Terminar.
Él deseaba llegar a terminar Su Misión en la tierra. Meditaba sobre su misión...Hablaba sobre ella... Vivía por ella. "Mi alimento es hacer la voluntad del que me envió y *terminar* su obra—les dijo Jesús", (Juan 4:34).

Jesús consideró que los desertores no eran aptos para el reino. "Nadie que mire atrás después de poner la mano en el arado es apto para el reino de Dios", (Lucas 9:62).

Nunca dejarás el lugar en el que te encuentras ahora hasta que no sepas con exactitud el lugar en donde quieres estar. Recuerda la Llave para la Sabiduría Nº 129: *Si No Conoces El Lugar Que Puedes Alcanzar, Te Adaptarás Al Lugar En El Que Estás.*

Debes conocer con exactitud lo que deseas antes de poder obtenerlo. Nunca cambiarás tu *posición* hasta que determines tu *destino*.

Cuando tu Sueño te consuma y te llene de pasión, descubrirás que te rodea un ambiente de victoria y confianza.

Jackie Holland es una querida amiga de Dallas,

Texas, que por años deseó alimentar a los hambrientos.

Finalmente, un día decidió tomar los alimentos que tenía en su cocina, conducir hasta las zonas de los desamparados y sin hogar de Dallas, y alimentar a la gente desde la cajuela de su automóvil. Luego de hacer esto por un tiempo, decidió involucrar a otras personas.

Su testimonio es milagroso.

Hoy, supervisa un sorprendente ministerio a los pobres, y ha recibido miles de dólares para alimentos de personas en puestos ejecutivos. La gente habla de ella en todo el mundo. También ha participado en importantes programas de televisión.

La vida siempre les abre las puertas ampliamente a las personas apasionadas con un propósito.

Tu Sueño Debe Convertirse En Una Obsesión.

Generarás un ambiente y un clima a tu alrededor al que los demás no podrán resistirse.

Existen muchas personas sin un propósito y que necesitan de una pasión en sus vidas. Sentirán tu energía, se unirán a ti y te ayudarán con tus metas.

Quienes tengan una pasión dentro de sí la respetarán. Quienes no estén seguros de su Misión se identificarán y se relacionarán contigo con gratitud para ayudarte a lograr tu Sueño.

Los que te rodean avivarán tu fuego. *Reconocerán tu pasión. Celebrarán tu enfoque.*

5 Claves Para Desarrollar Una Obsesión Por Tu Sueño

1.   Rechaza Cualquier Peso O Distracción De Tu Sueño. "Por tanto, también nosotros, que estamos rodeados de una multitud tan grande de testigos, despojémonos del lastre que nos estorba, en especial del pecado que nos asedia, y corramos con perseverancia la carrera que tenemos por delante", (Hebreos 12:1).

2. Sé Implacable En Cortar Cualquier Atadura A Un Proyecto Que No Esté Relacionado Con Tu Sueño. Pablo instruyó a Timoteo: "Ningún soldado que quiera agradar a su superior se enreda en cuestiones civiles", (2da Timoteo 2:4).

3. Estudia Constantemente Tu Sueño. Exhortó a Timoteo: "Esfuérzate por presentarte a Dios aprobado, como obrero que no tiene de qué avergonzarse y que interpreta rectamente la palabra de verdad", (2da Timoteo 2:15).

4. Rechaza Las Conversaciones Que No Estén Relacionadas Con Tu Sueño. "Evita las palabrerías profanas, porque los que se dan a ellas se alejan cada vez más de la vida piadosa. No tengas nada que ver con discusiones necias y sin sentido, pues ya sabes que terminan en pleitos", (2da Timoteo 2:16, 23).

5. Aprende A Desconectarte De Cualquier Relación Que No Alimente Tu Adicción A Su Presencia Y Tu Obsesión Con Terminar El Sueño Que Dios Te Ha Dado. "Si alguno no obedece las instrucciones que les damos en esta carta, denúncienlo públicamente y no se relacionen con él, para que se avergüence", (2da Tesalonisenses 3:14).

Tómate Tiempo Para Hacerte Estas Preguntas Y Responderlas Con Sinceridad:
1. *¿Cuál es específicamente el Sueño de tu vida?*
2. *¿Qué Metas has fijado que te den energía?*
3. *¿Qué Sueño consideras como meritorio?*
4. *¿Qué es lo más importante que deseas que los demás recuerden de ti?*
5. *¿Estás buscando un Sueño que requiere del aliento constante de los demás?*
6. *¿Tienes que persuadir a los demás para que te*

sigan hacia tu Sueño?

7.   *¿Fracasas debido a tus decisiones?*

8.   *¿Has decidido no lograr algo espectacular en tu vida?*

Tu Sueño Debe Obtener Tu Concentración.

¿Has visto alguna vez a un niño pequeño jugar con su comida? No tiene *hambre*. Sólo está *jugando*. Desea que lo saquen de la silla y poder correr con sus amigos.

Muchas personas viven la vida de esa manera. Nunca se desesperan realmente por lo que es *"la obsesión magnífica"*. Tu Sueño debe ser lo suficientemente grande como para atraer tu atención.

Ya Cuentas Con Todo Lo Necesario Para Dar A Luz Al Sueño Extraordinario

▶ Tu Sueño Debe Originarse En El Corazón De Dios Antes De Que Su Cumplimiento Te Satisfaga.

▶ Debes Estar Persuadido De Que Proviene Del Corazón De Dios.

▶ Debes Estar Dispuesto A Pelear Por Él Y Proteger Tu Sueño De Las Críticas Y De Cualquier Sustitución Satánica.

▶ Debes Discernir Cualquier Distracción Hacia Tu Sueño Inmediatamente Y Evitar Que Tome Algún Lugar En Tu Vida.

▶ Tu Sueño Necesita Tiempo Y Atención Para Germinar Y Para Convertirse En El Centro De Tu Concentración.

▶ Tu Sueño Debe Tornarse En La Obsesión Predominante De Tu Vida, Llenando Cada Espacio Disponible En Tu Interior, Desplazando Toda Distracción Y A Cualquier

Adversario.

▶ *La Prueba De Tu Pasión Será La Inversión De Tiempo Que Realices.* Todo lo que tenga la capacidad de atraer tu atención te dominará.

▶ *Sólo Tendrás Éxito Cuando Desarrolles Una Obsesión Por Tu Sueño.*

Atraerás Hacia Ti Lo Que Tú Respetes.

-MIKE MURDOCK

≈ 14 ≈
EL SUEÑO EXTRAORDINARIO REQUERIRÁ DE TU RESPETO PERSONAL

Atraerás Hacia A Ti Lo Que Tú Respetes.

Debes Respetar Lo Que Deseas Atraer Hacia Ti. Jesús enseñó que quienes respetaban y apreciaban lo que tenían recibirían aún más de lo que tenían. "Su señor le respondió: ¡Hiciste bien, siervo bueno y fiel! En lo poco has sido fiel; te pondré a cargo de mucho más. ¡Ven a compartir la felicidad de tu señor!" (Mateo 25:21).

El Sueño Extraordinario es como un imán invisible...un milagro deseado o una bendición que anhelas de Dios. Debe ser algo valioso digno de tu respeto y digno de buscar.

Debes despreciar el lugar en el que te encuentras antes de poder estar en el lugar que anhelas.

Cuando anuncias audazmente tu Sueño Extraordinario, generas instantáneamente una Relación Dorada y un vínculo con cualquier otra persona que deseaba lograr un sueño similar al tuyo.

La Firmeza Cambia El Ambiente. Vitaliza a todas las personas a tu alrededor.

Hace que produzcas una tarea específica para ti en cada hora.

Tu Sueño Merece Tu Tiempo

▶ Identifica Las Actividades Que Te Hacen Perder Tiempo.

▶ Deja De Realizar Las Tareas Que No Afecten El Resultado De Tus Sueños.

▶ Define Tus Expectativas Con Respecto A Quienes Te Rodean.

▶ Explícales A Los Demás Su Parte En El Logro De Tu Sueño.

▶ Escribe Cartas Más Cortas.

▶ Haz Que Tus Llamados Telefónicos Duren Dos Minutos.

El Sueño Extraordinario merece tu atención inmediata y completa. No esperes a las cosas grandes.

Muévete ahora. Muévete rápidamente y con decisión.

El Sueño Extraordinario Dará A Luz Hábitos Extraordinarios

Para tener éxito en tu planificación e identificar las actividades que te hacen perder tiempo, debes dar a luz buenos hábitos. Establece hábitos que demuestren respeto hacia tu cuerpo, relaciones o finanzas.

Recuerda la Llave para la Sabiduría N° 353: *Quienes No Respeten Tu Tiempo, Tampoco Respetarán Tu Sabiduría.*

Los Hábitos Deciden Tu Futuro.

Una de las mujeres más ricas de Dallas, Texas, se centró en desarrollar una de las compañías más grandes para damas.

Todas las mañanas, desde 1963, escribió sus planes para ese día. Durante más de 38 años, seleccionó seis cosas a lograr y priorizar.

Cuando falleció, su compañía valía más de $1200 millones de dólares. Sus bienes personales superaban los $300 millones de dólares. *Se centró en su Sueño, y dio a luz el hábito de planificar cada día.*

Los Hábitos Matutinos De Mohammed Ali.

Una de mis personas favoritas es Mohammed Ali. Una vez, Él y yo parábamos en el mismo hotel de mi ciudad natal en Lake Charles, Louisiana, y tuve el privilegio de hablar con él.

Cuando era Cassius Clay, de 18 años de edad, vio una imagen de sí mismo como campeón mundial de peso pesado. Ya boxeaba en ese momento, y comenzó a levantarse temprano para realizar carreras especiales de larga distancia...a las 4:30 a.m.

Los Campeones Realizan Diariamente Lo Que Los Hombres Normales Hacen Ocasionalmente.

3 Hábitos Que Pueden Cambiar Tu Vida

1.   Escribe Tu Plan Diario Todas Las Mañanas. No es necesario que incluya demasiados detalles. Una simple hoja de papel con una lista de siete cosas que desees cumplir...en ese mismo día.

2.   Entra Al Lugar Secreto A Orar...A La Misma Hora Todas Las Mañanas. Recuerda la Llave para la Sabiduría Nº 274: *El Lugar Donde Te Encuentras Determina Lo Que Escuchas; Lo Que Escuchas Determina Lo Que Crees.*

Los pájaros necesitan del aire. Los peces del agua. *Los hombres y las mujeres extraordinarios de Dios requieren de la presencia de Dios. Busca Su presencia.* Quédate a solas con Él.

El Lugar Secreto es el único lugar en el que recibirás la Sabiduría Extraordinaria *sin las manchas de la lógica y las limitaciones humanas.*

3. Lee La Palabra De Dios Todas Las Mañanas...Sin Falta. Su Palabra es Su Sabiduría. El hombre más sabio que vivió jamás decretó: "La sabiduría es lo primero", (Proverbios 4:7). "Obedézcanlos y pónganlos en práctica; así demostrarán su sabiduría e inteligencia ante las naciones. Ellas oirán todos estos preceptos, y dirán: En verdad, éste es un pueblo sabio e inteligente; ¡ésta es una gran nación!" (Deuteronomio 4:6).

¿Quién Toma Irreverentemente Tu Sueño?

Hace muchos años, me involucré en una gran organización. Un joven que ingresé al plan de marketing multinivel estaba extasiado de alegría. Había captado la visión.

Estaba convencido de que sus esfuerzos serían rentables. Era una compañía de eficacia comprobada. A muchas personas ya les había ido bien allí. Casi no podía esperar a llegar a su casa y contarle a su familia.

Unos días después seguía sin tener novedades suyas, y lo llamé. "Estoy ansioso por verte en la reunión de mañana en la noche", le dije entusiasmado. "Este..., no creo que pueda ir". Sonaba bastante desalentado. Le respondí "Por supuesto que podrás". "No, hablé con mi familia sobre mis sueños y objetivos, y ellos simplemente se rieron".

¿Qué había ocurrido? La familia del joven no vio la imagen que él estaba viendo. No contaban con la información que él tenía. Eran *indecisos, ignorantes y desenfocados.*

Su entusiasmo mismo los intimidó.

Hay millones de personas que no están contentas con sus vidas. Nunca han sentido el fuego encenderse en sus corazones. Sus mentes son como un enorme campo en el que no se ha sembrado semilla alguna. No producirán *grandeza*; no la *buscarán*, ni la *respetarán.*

Desarrolla respeto por ti mismo...por tu Sueño.

Tu futuro depende de esto. Atrévete a Soñar sueños mayores de los que alguna vez has soñado.

Cuando permitas que Dios gobierne y dirija tus Sueños, podrás experimentar milagros sin límites. *Los Sueños Extraordinarios...son dignos de buscar.*

El Sueño Extraordinario Requerirá De Tu Respeto Personal.

Un Sueño Extraordinario
Requiere De Una
Fe Extradorinaria.

-*MIKE MURDOCK*

≈ 15 ≈
EL SUEÑO EXTRAORDINARIO REQUERIRÁ DE UNA FE EXTRAORDINARIA

La Fe Atrae La Atención De Dios.

Para lograr el Sueño Extraordinario debes aprender a utilizar el arma más explosiva que Dios te ha dado: Tu Fe.

No tienes que manejar un Rolls Royce para impresionarlo a Él. Ni tampoco es necesario que te hayas graduado en Harvard.

23 Puntos Que Todo Soñador Debería Conocer Sobre La Fe

1.   *Dios Queda Impresionado Cuando Utilizas La Fe Que Ya Te Ha Dado.* "...según la medida de fe que Dios le haya dado", (Romanos 12:3).

2.   *La Fe Es Esa Confianza Invisible De Que Algo Existe Más Allá De Lo Que Actualmente Puedes Ver.*

3.   *La Fe Es Ese Sistema De Creencias Interno Que Dios Ha Plantado En Ti.*

4.   *La Fe Es La Capacidad Para Creer.*

5.   *La Fe Estimula Un Favor Increíble De Parte De Dios Y Sus Ángeles.*

6.   *La Fe Es El Imán Que Atrae A Dios Hacia Ti.*

7. *La Fe Es Lo Que Impulsa A Los Hombres Comunes A Lograr Lo Extraordinario.*

8. *La Fe Es El Ingrediente Mágico Para Cada Milagro.*

9. *La Fe Es Lo Que Convierte A La Gente Común En Personas Que Logran Cosas Extraordinarias.*

10. *La Fe Puede Transformarte De Un Debilucho En El Campeón Que Dios Quería Que Fueras.*

11. *La Fe Es Una Semilla Plantada En La Tierra De Tu Espíritu.* Dios la plantó allí en el momento en que naciste.

12. *La Fe Es Invisible A Los Ojos Naturales, Como Los Minerales En El Agua.* No obstante, es muy tangible en el reino del Espíritu.

13. *La Fe Es Como Un Músculo...Cuanto Más La Uses, Más Fuerte Será.*

14. *Tu Fe Decidirá Los Milagros, Las Bendiciones Y Los Sueños Que Obtengas.*

15. *La Diferencia De Personalidades Y Talentos No Limita La Forma En Que Decidimos Utilizar Nuestra Fe. Debemos concentrar nuestras creencias hacia nuestros sueños.*

16. *Tu Futuro Se Decide Por La Persona A Quien Eliges Creer.*

17. *Tu Fe Es Una Sustancia Invisible.* Como el viento o la electricidad, es posible que no la veas con tus ojos naturales, pero su presencia y su poder se comprueban por los resultados en tu vida. "Ahora bien, la fe es la garantía de lo que se espera, la certeza de lo que no se ve", (Hebreos 11:1).

18. *Tú Ya Posees La Semilla De La Fe En Tu Interior.* Lo que elijas creer decidirá si es productivo o destructivo para tu vida. "...según la medida de fe que Dios le haya dado", (Romanos 12:3).

19. *Cada Vez Que Utilizas Tu Fe, Agradas Al*

Corazón De Dios. La fe es muy importante para Dios. Él desea que le creas a cada palabra que dice. La incredulidad lo ofende.

20. *Cambiarás Tus Circunstancias Cuando Cambies La Dirección De Tus Creencias.* Inevitablemente experimentarás lo que crees regularmente.

21. *Tu Montaña Más Alta Sucumbirá Ante Tu Semilla Más Pequeña De Fe.* Es posible que sientas que tu fe es débil. Yo también lo he sentido. Debes trabajar sobre tu fe. Háblale a esa montaña y continúa hablándole cuando parezca que se rehúsa a moverse. Cuando aprendas este secreto, las montañas en tu vida comenzarán a moverse.

22. *Debes Buscar Lo Que Realmente Crees Que Dios Quiere Que Poseas.* Los milagros no sólo ocurren cuando son necesarios. Los milagros ocurren cuando son deseados.

23. *Tu Garantía De Vida Eterna Gira En Función De Tu Fe En Jesucristo.* "Porque tanto amó Dios al mundo, que dio a su Hijo unigénito, para que todo el que cree en él no se pierda, sino que tenga vida eterna", (Juan 3:16).

¿Qué Sueño Domina Tu Mente?

Es posible que parezca inalcanzable. Puede parecer imposible, no obstante la imagen sigue estando en tu interior. Existe un motivo.

Debes conquistar tus dudas. Es una clave importante para lograr tu Sueño.

Verás, Dios comienza cada milagro en tu vida con una imagen-semilla. Dios planta estas imágenes como Semillas Invisibles en nuestro interior.

Es importante asegurarse de que tu Sueño esté en

línea con la Palabra de Dios y que proviene de Él. Los *milagros* y las *bendiciones* son Sus recompensas por tu fe en Él.

▶ *¿Qué Sueñas hacer con tu vida?*
▶ *¿Qué bendición estás buscando?*
▶ *¿Qué intentarías hacer si supieras que es imposible fracasar?*
▶ *¿Qué imagen milagrosa ha plantado Dios en tu corazón?*
▶ *¿Qué Sueño deseado domina tu mente?*

Ejercita tu fe en Dios. Con él, todas las cosas son posibles. "Para los hombres es imposible—aclaró Jesús, mirándolos fijamente—pero no para Dios; de hecho, para Dios todo es posible", (Marcos 10:27).

Nada aumentará tu fe como La Palabra de Dios. Recuerda la Llave para la Sabiduría Nº 329: *Tu Fe Decide Tus Milagros.*

7 Recompensas Por Leer La Palabra De Dios

1. La Palabra De Dios Limpia Tu Conciencia. "Ustedes ya están limpios por la palabra que les he comunicado", (Juan 15:3).

2. La Palabra De Dios Te Alerta Sobre Las Trampas. "En mi corazón atesoro tus dichos para no pecar contra ti", (Salmo 119:11).

3. La Palabra De Dios Da A Luz Una Alegría Extraordinaria. "Les he dicho esto para que tengan mi alegría y así su alegría sea completa", (Juan 15:11).

4. La Palabra De Dios Es La Fuente De Sabiduría En Tu Vida. "Porque el SEÑOR da la sabiduría; conocimiento y ciencia brotan de sus labios", (Proverbios 2:6).

5.   La Palabra De Dios Resuelve Cada Batalla. "Tus mandamientos me hacen más sabio que mis enemigos porque me pertenecen para siempre", (Salmo 119: 98).

6.   La Palabra De Dios Te Corrige. "¿Cómo puede el joven llevar una vida íntegra? Viviendo conforme a tu palabra", (Salmo 119: 9).

7.   La Palabra De Dios Puede Resolver Tus Problemas Mentales. "Los que aman tu ley disfrutan de gran bienestar", (Salmo 119:165).

El Sueño Extraordinario Requerirá De Una Fe Extraordinaria.

Los Milagros No Van Adonde
Se Los Necesita;
Van Adonde Se Los Espera.

-MIKE MURDOCK

⁓ **16** ⁓
EL SUEÑO EXTRAORDINARIO REQUIERE DE UNA INTERVENCIÓN SOBRENATURAL

Tu Sueño Necesitará Milagros.
Tu Padre Se Rehúsa A Ser Olvidado E Ignorado.
▶ *Los Milagros Necesitarán A Dios.*
▶ *Dios Exige Obediencia.*

Cuando *Josué y los israelitas* se acercaron a Jericó, fue necesario un milagro para que los muros se derrumbasen.

Cuando *Gedeón y sus 300 hombres* se enfrentaron al inmenso campamento de los madianitas, la victoria exigió un *milagro* absoluto.

Cuando *Naamán* se sumergió en el río Jordán para recibir la sanidad de su lepra, fue necesario un *milagro* para que esto sucediera.

Cuando se acabó el *vino* en las bodas de Caná, se requirió de un *milagro* de Jesús para que el agua en las tinajas se convirtiera en vino.

Cuando la *viuda de Sarepta* comió su última comida, se necesitó de un *milagro* para que se multiplicara. *Dios nunca te da un Sueño que no necesite de Su participación.*

El Sueño Extraordinario no sucederá sin tu percepción constante de que será necesaria la mano de Dios para realizarlo.

Dios nunca se involucrará en un Sueño que tú puedas lograr *por ti mismo.*

El propósito de cada una de las acciones de Dios es aumentar tu dependencia de Él y tu adicción a Su presencia.

12 Claves Para Liberar Milagros Para Tus Sueños

1.   **Reconoce Que El Sueño Extraordinario Que Deseas Necesitará De Los Milagros De Dios.** *No tendrás éxito tú solo.*

2.   **Espera Milagros En Tu Vida Diaria.** "En realidad, sin fe es imposible agradar a Dios, ya que cualquiera que se acerca a Dios tiene que creer que él existe y que recompensa a quienes lo buscan", (Hebreos 11:6).

3.   **Recuerda Que Los Milagros Necesitarán De Un Flujo Continuo De Fe.** "En realidad, sin fe es imposible agradar a Dios", (Hebreos 11:6).

4.   **Alimenta Tu Fe Y Confianza En Dios.** Entran en tu corazón cuando oyes las palabras de Dios verbalizadas. "Así que la fe viene como resultado de oír el mensaje, y el mensaje que se oye es la palabra de Cristo", (Romanos 10:17).

5.   **Comprende Que La Lógica De Tu Mente Y La Fe De Tu Corazón Se Enfrentan.** Se harán la guerra entre si continuamente a medida que descubras y alcances tu Sueño. "Porque ésta [la carne] desea lo que es contrario al Espíritu, y el Espíritu desea lo que es contrario a ella. Los dos se oponen entre sí, de modo que ustedes no pueden hacer lo que quieren. En cambio, el

fruto del Espíritu es amor (…) fidelidad", (Gálatas 5:17, 22).

6. **La Lógica Produce Orden; La Fe Produce Milagros.** Dios nunca consultará tu lógica para determinar tu futuro. *Él permite que tu fe determine los niveles de tu avance y de tus victorias.*

7. **La Lógica Es El Valioso Y Maravilloso Regalo Que Él Te Da Para Crear Orden En Tus Relaciones Con Las Personas.**

8. **La Fe Es El Valioso Y Maravilloso Regalo Que Él Te Da Para Crear Milagros…A Través Del Padre.**

9. **El Cumplimiento Del Sueño Extraordinario Necesitará Relaciones Milagrosas Con Consejeros, Protegidos, Amigos Y Conexiones De Oro.** Por ejemplo, José nunca habría entrado al palacio sin la relación milagrosa con el jefe de los coperos, *una Conexión Divina.*

10. **El Sueño Extraordinario Puede Requerir De Una Provisión Financiera Sobrenatural.** Por ejemplo, Pedro experimentó el milagro de la moneda en la boca del pez para pagar sus impuestos. *Los milagros financieros son normales en las vidas de quienes obedecen a Dios.*

11. **El Sueño Extraordinario Requerirá Del Milagro De La Sabiduría.** Tus decisiones abrirán o cerrarán puertas. *Cada decisión que tomes te desvalorizará o te valorizará.*

12. **A Los Obedientes Los Milagros Les Llegan Con Facilidad.** "¿Están ustedes dispuestos a obedecer? ¡Comerán lo mejor de la tierra!" (Isaías 1:19).

Cada Paso Hacia La Autosuficiencia Es Un Paso Lejos De Dios. Debes cultivar una gratitud y agradecimiento continuos en tu corazón por la presencia del Espíritu Santo. *Examina Su rostro. Busca*

Su aprobación. "El SEÑOR haga resplandecer su rostro sobre ti, y tenga de ti misericordia; el SEÑOR alce sobre ti su rostro, y te dé paz", (Números 6:25-26, versión LBLA).

Recuerda, Tu Sueño Necesitará Milagros.

Los Sueños Equivocados Se Convierten En Sustitutos De Los Sueños Correctos. Es muy importante que no persigas un Sueño o Meta que Dios no haya indicado que buscaras. Cuando buscas algo que Dios no te indicó que tuvieras, Él no está obligado a sostenerte *emocional, física o financieramente.*

Todo Lo Que Busques Por Tu Cuenta Fracasará.

Después de que David conquistó a sus enemigos, se sentaba en su casa. Le dijo a Natán el profeta que quería edificar una casa especial para Dios. El profeta le respondió de inmediato: "Haga Su Majestad lo que su corazón le dicte, pues el Señor está con usted", (2ᵈᵃ Samuel 7:3).

Hasta Los Profetas Pueden Equivocarse Cuando No Consultan A Dios. Esa noche Dios le dijo a Natán que le diera a David una palabra especial. David no edificaría la casa del Señor.

En su lugar, Dios había establecido que la descendencia de David lo haría. "Cuando tu vida llegue a su fin y vayas a descansar entre tus antepasados, yo pondré en el trono a uno de tus propios descendientes, y afirmaré su reino. Será él quien construya una casa en mi honor", (2ᵈᵃ Samuel 7:12-13). A menudo, los Consejeros ven el futuro de sus protegidos con años de anticipación.

Nunca excluyas al Espíritu Santo de tu búsqueda de Su Sueño en tu vida.

El Sueño Extraordinario Requiere De Una Intervención Sobrenatural.

≈ 17 ≈
El Sueño Extraordinario Debe Definirse Con Claridad Y Refinarse Constantemente

La Fuerza Es El Producto De La Concentración.

¿Has decidido el Sueño para tu vida? No puede ser algo sugerido por amigos, familiares ni por ninguna otra persona. No puede ser el Sueño de tu Madre.

El Sueño Extraordinario Creará La Vida extraordinaria. Debe Ser Tu Propio Sueño.

¿De Quién Estás Aprendiendo?

¿Qué Estás Aprendiendo De Ellos?

¿Qué Estás Aprendiendo Actualmente?

¿Lo Que Estás Aprendiendo Se Relaciona Con Tu Sueño?

Tu aprendizaje necesita estar relacionado con tu pasión. *Sólo Puedes Hacer Lo Que Ves Interna Y Externamente.*

El Sueño Extraordinario Necesitará Tiempo. El Sueño Extraordinario debe llegar a ser tan importante, que domine cada conversación.

¿Has escuchado alguna vez a una madre hablando con entusiasmo sobre su bebé que está a punto de nacer? Podrías estar hablando de alguien llamado Juan. Ella te interrumpe con: "Juan, ése es un buen nombre. Es un buen nombre para mi bebé". Luego comienzas a hablar sobre Las Naciones Unidas y la misma futura mamá dice: "oh, espero que recorra el mundo algún día. ¡Sería maravilloso!"

¿Qué ha sucedido? *Ese bebé es el Sueño de la Madre y es el único tema importante en su mente.*

Tu Sueño Debe Crecer. Así es como sabes que un Sueño viene de Dios. Está *diseñado, agitado* y *creciendo.*

▶ *¿Cuánto tiempo estás dispuesto a invertir diariamente en tu Sueño?*

▶ *¿Cuánto dinero estás dispuesto a invertir?*

▶ *¿Cuánto Esfuerzo estás dispuesto a invertir en relación con tu Sueño?*

▶ *¿Quién te ha ayudado e inspirado a lograr tu Sueño?*

▶ *¿Quiénes son las personas que necesitan estar inspiradas para involucrarse en tu Sueño?*

▶ *¿A quién estás ayudando a cumplir su Sueño?*

Tus amigos moldean y cincelan tu valor. Cuando tengas un sueño, identifica a quienes crean en ti constantemente.

La Calidad De Tu Sueño Extraordinario No Garantiza El Cumplimiento De Tu Sueño. Adolf Hitler tuvo un Sueño horrible, cosas que quería destruir. Desafortunadamente, alcanzó esos sueños. Puedes tener un Sueño digno y aún así no cumplirlo nunca. Puedes concentrarte en un Sueño dañino y lograrlo. Las leyes divinas sirven para todos.

Debes Definir Tu Sueño, Refinarlo Y Confinar Tu Vida A Él.

▶ *Dios* tuvo un Sueño en *Adán.*

▶ *Martin Luther King* Tuvo Un Sueño:

traer liberación a su pueblo.

▶ *José* Tuvo Un Sueño: *sustentar a los demás durante un tiempo de escasez.*

▶ *Jesús* Tuvo Un Sueño: *buscar y salvar a quienes estaban perdidos.* Jesús "…por el gozo que le esperaba, soportó la cruz", (Hebreos 12:2).

La imagen que observas continuamente determina la fuerza que ingresa en ti.

¿Qué Imagen Domina Tu Mente?

Dios desea trabajar contigo.

Te está mirando…observando, y tiene un gran interés en que tengas éxito en la vida. "Le pido que, por medio del Espíritu y con el poder que procede de sus gloriosas riquezas, los fortalezca a ustedes en lo íntimo de su ser, para que por fe Cristo habite en sus corazones. Y pido que, arraigados y cimentados en amor, puedan comprender, junto con todos los santos, cuán ancho y largo, alto y profundo es el amor de Cristo; en fin, que conozcan ese amor que sobrepasa nuestro conocimiento, para que sean llenos de la plenitud de Dios", (Efesios 3:16-19).

¡Tu Éxito Es El Sueño De Dios!

Dios quiere que entiendas Su plan y Sus intenciones hacia ti. Dios está tan interesado en tu vida que puede ir más allá de lo que piensas. Puede aún superar los deseos de tu corazón. "Al que puede hacer muchísimo más que todo lo que podamos imaginarnos o pedir, por el poder que obra eficazmente en nosotros", (Efesios 3:20).

Tu Concentración Genera Fuerza

Había una niña atrapada debajo del peso de un automóvil de 680 kilos. Su madre levantó el automóvil que estaba sobre la pequeña. Más tarde, la madre no fue capaz de levantar ni siquiera 90 kilos. Pero su hija estaba debajo del vehículo. *Ella pudo levantar ese automóvil porque estaba concentrada en su hija.* La fuerza no es el producto de un músculo, es el producto de la concentración.

Todas las estrategias satánicas en tu vida son para interrumpir tu concentración en Dios.

El Sueño Extraordinario Es Una Imagen Invisible De Tu Futuro. Ejemplo: Jesús "...por el gozo que le esperaba, soportó la cruz", (Hebreos 12:2). Jesús no fue a la cruz; *Él pasó por la cruz, hacia la resurrección.* En la mente de Cristo, la imagen no era: "Voy a la cruz". En Su mente...Él pasó por la crucifixión hacia la resurrección, y ahora está a la diestra del trono de Dios. *La imagen de Su recompensa, tú y yo, le permitió soportar la terrible experiencia de la Cruz.*

No puedo cambiar lo que hay en tu mano, hasta poder cambiar lo que está en tu mente. La imagen es lo que te hace perseverar para lograr cada Sueño que Dios te ha dado.

No puedo cambiar tus condiciones, hasta poder cambiar tu imagen. Tengo que cambiar la imagen. Lo que ves continuamente controla lo que sientes.

Verdades Poderosas Para Recordar

No cambiarás tu vida hasta que no cambies la visión. Todo lo que continúes mirando en tu interior, es en lo que tu fe trabajará.

Visión, Fe Y Dudas

▶ Tu Visión Es Tu Futuro.
▶ La Fe Tiene Que Tener Una Imagen.
▶ La Fe Debe Estar En Aquél Que Te Dio Ese

Sueño.

▶ La Fe Debe Estar En Aquél Que Obra Milagros.

▶ La Fe Debe Estar En Aquél Que Puede Convertir Tu Sueño En Realidad.

▶ La Duda Es Fe Puesta En Tu Adversario.

▶ La Duda Es Tan Poderosa Como La Fe.

▶ La Duda No Retrasa Los Milagros.

▶ La Duda Produce Tragedia.

▶ No Debes Permitir Que La Duda Supere A Tu Fe.

▶ La Duda Es Sólo Otra Palabra Para La Fe En Tu Enemigo.

▶ La Duda Prepara Tragedias Tan Rápido Como La Fe Prepara Milagros.

Gigantes O Uvas

¿Recuerdas la historia bíblica de Moisés, cuando envió espías a investigar Canaán? Envió doce espías a Canaán. Dos de los espías creyeron que podían vencer a los enemigos de la tierra. Josué y Caleb creían que podían conquistar a los gigantes. *Diez de los espías dudaron...*vieron a los gigantes más grandes que a las uvas. Vieron a los gigantes más grandes que a Dios. Compararon a los gigantes con ellos mismos.

Josué y Caleb compararon a Dios con los gigantes y dijeron: "Podemos conquistar el país".

Enfrentarás enemigos al intentar crear y alcanzar tu Sueño.

¿Cuál es tu Sueño? *¿Qué quieres? Es difícil definir claramente lo que quieres.* Debe ser algo que creas que Dios quiere que logres. Puedes alimentarlo o hacer que muera de hambre. Puedes alimentarlo o ignorarlo. El curso que sigues revela *El Sueño* que te consume.

▶ Define Tu Sueño, *Convéncete Plenamente En tu propia mente.* ¿Puedes imaginar tu Sueño?

▶ Redefine tu Sueño *Mediante La Planificación De Tus Metas Cotidianas.*

▶ Encausa Tu Sueño...*Dedícale Toda Tu Vida.* Resiste cualquier cosa que te distraiga de él. Busca razones para triunfar, no para fallar. *Tu Sueño Extraordinario está a la espera para cumplirse.*

El Sueño Extraordinario Debe Definirse Y Refinarse Continuamente Para Hacerse Realidad.

～ 18 ～
EL SUEÑO EXTRAORDINARIO REQUERIRÁ DE UNA PASIÓN EXTRAORDINARIA

La Pasión Es Un Deseo Vigorizador E Intenso.

13 Verdades Emocionantes Sobre la Pasión

1. **La Pasión Es Una Corriente.** *Determina lo que se acerca o se aleja de ti.*
    El agua tiene corrientes.
    El aire tiene corrientes.
    La pasión genera corrientes en la vida.
2. **La Pasión Es Un Imán Irresistible Que Impulsa A Los Demás Hacia Ti Para Participar.** La concentración da origen a la pasión. Aliméntala y se convertirá en un deseo intenso. Aliméntala continuamente y se convertirá en una obsesión.
3. **La Pasión Genera Favor.** Hacia la persona que es apasionada y tiene confianza en su Sueño fluyen *Corrientes de Favor.*
    Recuerda la Llave para la Sabiduría N° 115: *Las Corrientes De Favor Comienzan A Fluir En El Momento En Que Solucionas El Problema De Otra Persona.*
4. **Tu Pasión Decide Quién Se Siente Cómodo Contigo.** *Si eres apasionado...tu persuasión*

será evidente. Eres responsable de generar entusiasmo en otras personas para involucrarlas con tu Sueño. Los convencidos *convencen*.

Quienes te rodean avivarán tu fuego. Seguirán tu pasión y celebrarán tu enfoque. *No obstante, necesitarán recordatorios y ánimo*. Quienes te rodean están meditando en sus propias faltas. Tienen dudas sobre sí mismos. Es posible que carezcan de seguridad y claridad respecto de sus sueños.

5. Tu Pasión Intimida Cualquier Montaña Que Pueda Haber En Tu Camino. Cuando te enfrentes a su montaña de recuerdos acumulados, deberás utilizar tu pasión *como una herramienta perforadora, una plancha caliente o como el instrumento de un soldador* para atravesar esas barreras.

Cuéntales sobre tu Sueño...*en repetidas ocasiones*.

6. Tu Pasión Puede Liberar La Pasión Latente En Los Demás. Verás...muy dentro de las personas que amas está la esperanza de que tú seas la persona que los ayude a romper el círculo de tragedia y pérdida en sus vidas. Desean que ganes más de lo que te imaginas. *Quieren que seas un ejemplo a seguir*. Los demás te están observando. Aborrecen sus propias pérdidas...*el ciclo de mediocridad*.

Te probarán porque no quieren apoyarse en alguien que vaya a *fallar, tropezar y caer nuevamente*. Esperan que te mantengas fuerte. Muchos creen que todo el mundo desea que uno caiga. De hecho, recientemente escuché a un orador decir: "La mayoría de las personas desea que caigas...muy pocos quieren que ganes". *No estoy de acuerdo*.

7. La Pasión Te Diferencia De La Multitud. Las multitudes buscan héroes. Cuando miras televisión, muy probablemente te identifiques con el héroe, el campeón...¡deseas que él gane! Los demás desean que ganes...en especial los más cercanos a ti. Mantente fuerte...sigue tu Sueño con pasión. *Sé implacable en la búsqueda de tu Sueño.*

8.   La Pasión Es La Semilla Dispuesta Para Tu Ambiente. El éxito exige energía. Exige energía para avanzar hacia tus objetivos...independientemente de tus circunstancias, sentimientos u obstáculos.

9.   La Falta De Pasión Explica Los Fracasos Matrimoniales. *La pasión siempre pondrá distancia entre tú y quienes no tengan pasión.* Protege tu pasión. La pasión es tu arma más importante.

10.   La Pasión Decide La Velocidad De Tu Aprendizaje. La pasión decide qué es lo que estás dispuesto a estudiar...a buscar...a soportar.

11.   La Pasión Es El Aura Que Atrae A Las Buenas Personas. La vida siempre les abre las puertas ampliamente a las personas apasionadas con un propósito. Esta es la historia de unos amigos míos de Tampa, Florida. Fueron a Florida sin nada.

Había aproximadamente 100 personas en la iglesia. Pronuncié el discurso en su primer banquete. Hace poco, una mujer les regaló un edificio de $400,000...han sido bendecidos con un favor explosivo. Actualmente, dos mil personas adoran juntas debido a que están alcanzando los barrios céntricos de la ciudad de Tampa, Florida.

12.   La Pasión Es Irresistible. *Apasiónate tanto con tu Sueño y que se convierta en una obsesión.* Generarás un ambiente y un clima a tu alrededor al que los demás no podrán resistirse.

13.   La Pasión Expone La Debilidad Y La Somete A Tu Sueño. *La Pasión Penetra Y Controla Cualquier Ambiente.* Las personas débiles y sin propósito *sentirán tu pasión*. Quienes tengan una pasión en su interior...*respetarán la tuya*.

4 Maneras De Aumentar Tu Pasión

1.   Despeja Tu Vida De Cualquier Cosa Que No Sea Parte De Ella. No puedes hacer todo. Despeja tu vida...despejando tu día. Programa menos citas. Elije a tus amigos con sabiduría. Nunca escribas una carta cuando puedas obtener el mismo resultado llamando por teléfono. Nunca realices un llamado telefónico...que otra persona pueda realizar por ti.

2.   Determina El Propósito De Cada Relación Cerca Tuyo. Algunos te han perseguido...*en búsqueda de algo que no tienes.* Identifica las actividades que te hacen perder tiempo. Identifica a los parásitos que solamente desean lo que *has obtenido...* en lugar de lo que *has aprendido.*

La Simpatía No Es Amistad. No puedes ser amigo de todos. *No alimentes las amistades que debiliten el entusiasmo por tu Sueño.*

3.   Atesora Y Protege Tu Salud Personal. La fatiga es un enemigo del Sueño. Uno de los grandes presidentes se negaba a tomar decisiones después de las 3:00 p.m. cada día. Reconoció que cuando estaba cansado, evaluaba las cosas *de forma diferente...y en general, erróneamente.*

4.   Genera Un Ambiente Que Alimente La Pasión Por Tu Sueño. La oficina de iglesia más alegre que vi es la de mi querido amigo de Sarasota, Florida. ¡Su oficina parece un museo! Todos los domingos por la noche los niños corren a su oficina...sólo para ver el acuario, los juguetes y los muchos elementos que te hacen "sonreír". "Pongo todo lo que me hace reír cerca mío...para mantener un buen ánimo", dijo.

Protege Tu Pasión.

Los Hombres No Deciden Sus Sueños.

Los Hombres Descubren Sus Sueños.

Los Hombres No Elijen Su Pasión.
Su Pasión Los Elije A Ellos.

3 Enemigos De Tu Pasión

Habrá enemigos que se opondrán a *cada objetivo de tu vida.* Debes reconocerlos.

1.   **La Fatiga:** Cuando estés cansado, no verás un buen futuro. Cuando te fatigas…comienzas a hablar en forma negativa. Dices las palabras incorrectas. Tus palabras se convierten en paredes en lugar de puertas.

La Fatiga Es Un Enemigo De Tu Pasión.

2.   **El Doble Ánimo:** "No estoy seguro si esto es lo que se supone que haga". Estas palabras se atenuarán y generarán duda.

3.   **La Duda Es Un Enemigo De Tu Pasión.** La mejor cura para la duda es la información. Descubre todo lo que puedas sobre tu Sueño y Pasión.

El Sueño Extraordinario Requerirá De una Pasión Extraordinaria.

Tus Palabras
Son Las Semillas
De Los Sentimientos.

-MIKE MURDOCK

≈ 19 ≈
EL SUEÑO EXTRAORDINARIO SE MANTIENE VIVO CON LAS PALABRAS QUE EXPRESAS

Tus Palabras Son Las Semillas De Los Sentimientos.

Tus conversaciones deben ampliar tu Sueño. Tus palabras pueden diluir el Sueño con facilidad si hablas de forma opuesta al futuro que deseas.

Dios te ha dado una *Boca* y una *Mente* para *magnificar* tu fortaleza, para *aumentar* tu capacidad.

No puedes perder peso si expresas pensamientos negativos: "Comienzo a engordar con sólo ver un menú" o "Subo de peso con sólo observar la comida".

Tus palabras deberían reflejar tus deseos...reflejar tu confianza en tu Sueño. Te programas para fracasar al expresar pensamientos y palabras negativas.

El Fenómeno Del Básquetbol

Una Universidad Famosa realizó una prueba increíble que mostraba el poder de la mente. La he estudiado durante dos años. Es *increíble* y *poderosa.*

Se seleccionaron dos equipos de básquetbol, A y B. Durante 30 días consecutivos, el equipo A recibió instrucciones de practicar tiros libres en el gimnasio una hora al día, durante 30 días.

Al equipo B se le pidió que se sentara en el vestuario, y que se *visualizaran* en la línea de tiros libres tirando al aro. Al equipo B se le ordenó que *imaginara que el balón pasaba a través de la red.* Al equipo B no se le permitió tocar el balón. No podían estar en la cancha. *Sólo* se les permitió imaginar el balón *en sus mentes.*

Al final de los 30 días, el Equipo A, que había estado practicando tiros libres en el gimnasio durante 30 días, una hora por día, había aumentado su efectividad en un 22%.

El equipo B no había tocado el balón en 30 días, *sino que sólo lo había visualizado pasando a través de la red*...y su porcentaje fue cercano al 21%, *casi lo mismo* que el equipo que había practicado con el balón real.

Tu Mente Tiene Una Total Influencia Sobre Tu Energía, Tu Concentración. Si Satanás te derrota...*lo hará a través de tu mente y tus palabras.*

Ganarás o perderás según la forma en que controles tu mente...tus pensamientos. "Pues como él piensa en su interior, así es él", (Proverbios 23:7).

Lo Que Ocurre En Tu Interior Afecta Lo Que Ocurre A Tu Alrededor. Deja de verte a ti mismo como perdedor, pobre, en bancarrota, ignorante e incapaz de lograr lo que deseas. Si eso es lo que pasa por tu mente, las demás partes de tu cuerpo colaborarán con esos pensamientos.

El Fenómeno Del Fútbol

Ocurrió algo fenomenal con cierto equipo de fútbol. Se realizó un experimento para descubrir qué efecto tendrían las palabras sobre la mente *en función de lo que se creía.*

Se les dijo a los jugadores que habían sido expuestos a bacterias en su organismo...una enfermedad. Se les pidió que fueran al hospital para realizarse exámenes.

En una semana se informó que dos de los jugadores estaban paralizados y no podían salir de la cama. Uno presentaba un zumbido grave en sus oídos y se hicieron evidentes una serie de síntomas. A medida que revisaban la lista de jugadores...*algo parecía estar mal en cada uno de ellos.*

La verdad misteriosa era...*que ninguno tenía NADA malo.* No había bacterias en sus cuerpos... ninguna enfermedad. Era una investigación para descubrir *el poder de las* **PALABRAS**...*el poder de la Sugestión...el poder de la* **VISUALIZACIÓN.**

Cuando se implantaron **DESCRIPCIONES GRÁFICAS** en sus mentes de lo que podría estar mal en sus cuerpos...*el cuerpo cooperó con la mente y produjo los síntomas anticipados.*

Tus Palabras Afectan Tu Autoimagen. Te proporcionan una imagen clara de TI en tu futuro...*la imagen que Dios está observando.* Cuando Dios te ve, ¿qué les dice a los ángeles? ¿Se sonríe? ¿Qué hace? ¿Qué dice?

Di Lo Que Dios Dice De Ti En Su Palabra.

Las Palabras No Tienen Poco Valor. "El que es entendido refrena sus palabras; el que es prudente controla sus impulsos. Hasta un necio pasa por sabio si guarda silencio, se le considera prudente si cierra la boca", (Proverbios 14:27-28).

Las guerras comienzan debido a las palabras. La paz se logra cuando grandes hombres se *reúnen, negocian* y *dialogan.*

110 ▪ *Mike Murdock*

7 Claves Sobre El Poder De Las Palabras

1. Todo Hombre Que Controle Su Boca Está Protegiendo Literalmente Su Vida. "El que refrena su lengua protege su vida", (Proverbios 13:3).

2. Quienes Hablan Demasiado A La Larga Serán Destruidos. "...pero el ligero de labios provoca su ruina", (Proverbios 13:3).

3. Las Palabras Adecuadas Pueden Convertir Al Hombre Enojado En Un Amigo, Y Las Palabras Inadecuadas Pueden Convertir Al Amigo En Enemigo. "La respuesta amable calma el enojo, pero la agresiva echa leña al fuego", (Proverbios 15:1).

4. Para Poder Hablar Las Palabras Adecuadas Se Necesita Sabiduría. "El sabio de corazón controla su boca; con sus labios promueve el saber", (Proverbios 16:23).

5. Tus Palabras Revelan Si Eres Sabio O Necio. "La lengua de los sabios destila conocimiento; la boca de los necios escupe necedades", (Proverbios 15:2).

6. El Propósito De Las Palabras Es Educar, Entusiasmar Y Darle Energía A Quienes Te Rodean. "Los labios de los sabios esparcen conocimiento", (Proverbios 15:7).

7. Las Palabras Inadecuadas Generan Heridas En El Corazón Que Imposibilitan "Los chismes son deliciosos manjares; penetran hasta lo más íntimo del ser", (Proverbios 18:8).

¡No Permitas Que Tus Palabras Destruyan Tu Sueño! "El que es bueno, de la bondad que atesora en el corazón produce el bien; pero el que es malo, de su maldad produce el mal, porque de lo que abunda en el corazón habla la boca", (Lucas 6:45).

Las Palabras Crearon El Mundo. (Ver Génesis 1.)

Las Palabras Crean Tu Mundo.
Las Palabras Unen Personas.
Las Palabras Son El Puente Hacia Tu Futuro.

Hay un tiempo para hablar...un tiempo para escuchar...un tiempo para actuar...un tiempo para permanecer quieto. "En la lengua hay poder de vida y muerte; quienes la aman comerán de su fruto", (Proverbios 18:21).

Cuando las personas tenían ansias de conocimiento, Jesús les habló durante horas. Cuando estuvo delante de Poncio Pilato, Su verdad fue ignorada y permaneció en silencio.

El Silencio Expresa Mucho

Permanece En Silencio Al Descubrir El Daño Que Un Enemigo Te Ha Hecho.

Permanece En Silencio Cuando Discutan Las Debilidades De Los Demás.

Permanece En Silencio En Lugar De Publicar Tus Errores.

Jesús sabía cuando hablar y cuando escuchar.

Tú también puedes aprender. Te beneficiará en toda forma posible a medida que te esfuerces por descubrir y desarrollar tu Sueño.

Pídele al Espíritu Santo que cuide tu lengua y tus palabras...que te enseñe a escuchar y hablar con Sabiduría.

El Sueño Extraordinario Se Mantiene Vivo Con Las Palabras Que Expresas.

Siempre Hay Alguien
        Observándote Que Es
Capaz De Bendecirte
        Grandemente Con Favor.

-MIKE MURDOCK

20

EL SUEÑO EXTRAORDINARIO REQUERIRÁ DE UN FAVOR EXTRAORDINARIO

Favor Es Cuando Los Demás Desean Bendecirte.

Un Sueño Extraordinario requerirá de una cantidad singular de Favor proveniente de diferentes personas. Debes darte cuenta de la importancia del Favor.

15 Verdades Para No Olvidar Sobre El Favor

1. **El Verdadero Favor Es Un Don De Dios Brindado A Través De Las Personas.** Debes reconocer al Favor como algo que realmente no mereces. Hoy en día, en el mundo de los negocios a menudo se escucha el dicho: "Él me debe un favor".

Un Favor...Se Diferencia Mucho Del Favor.

Un favor en un acto de bondad diseñado para *controlarte, manipularte,* o *recompensarte* por algo. Creo que siempre te sentirás mal con las personas a las que les debes algo. Rechaza tener relaciones de endeudamiento. Cuando alguien te diga que otra persona le debe un favor, se implacable y prudente.

2. **La Gratitud Es Un Imán Para El Favor.**

Un querido amigo mío ha dicho en varias oportunidades: "Aquello por lo que estés más agradecido, crecerá en tu vida". *Cuando no valoras la buena voluntad y la colaboración de los demás...éstas se detendrán.*

Tu Sueño requerirá de un Favor Extraordinario. En este preciso momento hay alguien que está hablando de ti favorablemente.

3. El Favor Es Cuando Alguien Genera Un Acceso Para Avanzar. Existen personas a las que el Espíritu Santo está dirigiendo para darte regalos, para bendecirte...para abrir puertas que generarán un acceso para ti.

4. El Favor Es Cuando Alguien Ora Por Tu Éxito. *Tu Sueño requerirá de Intercesores que influencien grandemente en la corriente de Favor en tu vida.* Cuando realmente respetes a la intercesión, verás los resultados más espectaculares que alguna vez hayas experimentado en toda tu vida.

5. El Favor Es Cuando Alguien Reconoce Tus Esfuerzos Intensos. Tus luchas y esfuerzos son advertidos. Existe alguien evaluando con cautela tu *progreso*, tus *búsquedas* y tu *potencial*. Las observaciones de Booz dieron origen a su matrimonio con Rut (Rut 1:4).

6. El Favor Puede Comenzar En El Corazón De Alguien Que Todavía No Conoces. Es posible que ni siquiera conozcas a la persona. Te asombraría saber de las personas que hablan de ti con gran Favor y aprecio.

7. El Favor Siempre Es Una Recompensa De La Fidelidad. Tu coherencia atrae la atención. Tu capacidad para *mantenerte concentrado* es como un imán. Hay alguien que está observándote y que considera ingresar a tu vida con *favor, influencia* y *apoyo.* Tú tendrás acceso a sus *capacidades, sabiduría* y círculo de *amigos.*

8. **El Favor Rebosa De Integridad.** Los demás admiran tu entereza. Observar tu *integridad* te asombraría y te emocionaría.

9. **El Favor Genera Un Éxito Repentino.** Cuando el favor ingresa a tu vida, obtendrás en un sólo día lo que normalmente te tomaría un año lograr por ti mismo.

10. **El Favor Siempre Es Proporcional A Tu Diligencia.** Hay alguien observando tu productividad y actitud hacia tu actual jefe o superior.

11. **Una Actitud Extraordinaria Siempre Genera Una Corriente Inexplicable De Favor.** *Eso le ocurrió a Rut.* Era una campesina *solitaria, concentrada* y *leal* que intentaba encontrar algo de comida para sobrevivir. *Alguien reparó en ella.* Booz, el acaudalado hacendado, vino a controlar la Cosecha. Se aproximó a Rut después de averiguar sobre ella con sus supervisores. Su humildad y dulce espíritu conmovieron a Booz. Le explicó que conocía su situación y que allí tendría provisión mientras quisiera recoger la cosecha de su campo.

12. **El Favor Debe Convertirse En Tu Semilla A Plantar En Los Demás.** *Cada buena semilla que hayas plantado tendrá fruto y crecerá.* Todas las horas que has invertido en restaurar y sanar la vida de otras personas producirá una increíble Cosecha.

13. **El Favor Siempre Es Estacional.** *Tus sacrificios no son en vano.* ¡Tu trabajo y luchas han sido notados, documentados y observados por el Señor de la Cosecha! "No nos cansemos de hacer el bien, porque a su debido tiempo cosecharemos si no nos damos por vencidos", (Gálatas 6:9).

Esta clase de Favor siempre sigue a quienes están *entusiasmados, concentrados* y *obsesionados* con su Sueño.

14. El Favor Siempre Tiene Un Propósito Divino. Dios va delante de ti. Él pone en el corazón de otras personas el deseo de *ayudarte, asistirte* y *capacitarte* para llegar a obtener tu Sueño.

Los demás observan la forma en que solucionas los problemas...la forma en que respondes a la adversidad y a la dificultad.

15. El Éxito Incrementa El Favor. *Esto le pasó a Pablo.* Era un náufrago en la isla de Malta. Pablo había recogido algunas ramas y las había echado en el fuego. Una víbora salió del fuego y se le prendió en la mano. Los isleños comentaban entre sí. Pensaban: "Sin duda este hombre es un asesino, pues aunque se salvó del mar, la justicia divina no va a consentir que siga con vida", (Hechos 28:4). Sin embargo, Pablo sacudió la víbora en el fuego, y no padeció ningún daño.

Esa unción de *conquista* afectó a los que observaban. Sus mentes fueron transformadas y dijeron: "Debe ser un dios".

Superar las charlas. Los que te rodean observan tu vida. Los demás aprenderán de ti a medida que observan tu vida...tu *concentración, victorias y entereza.*

Los inversores estudian a las parejas jóvenes. Observan su empuje y búsqueda de excelencia antes de invertir.

Los líderes inspeccionan y toman nota de la conducta de los asistentes a los servicios de líderes allegados.

Los hombres poderosos anhelan encontrar alguien en quien confiar...para que trabaje a su lado diariamente.

Los líderes con empuje buscan continuamente

otras personas que tengan *empuje, energía y* sean *diligentes.*

Busca la excelencia en tus circunstancias actuales. Cualquiera sea tu sueño, *empeña tus mejores esfuerzos en él.*

No esperes que llegue un futuro glorioso...búscalo con entusiasmo. Tus recompensas serán mayores que las que alguna vez soñaste.

Imagina lo siguiente: Te encuentras corriendo en la carretera de la vida. Las tribunas de espectadores te observan, muchos más de lo que tú podrías imaginar. "Por tanto, también nosotros, que estamos rodeados de una multitud tan grande de testigos, despojémonos del lastre que nos estorba, en especial del pecado que nos asedia, y corramos con perseverancia la carrera que tenemos por delante", (Hebreos 12:1).

Corre con excelencia. Recuerda: *Siempre Hay Alguien Observándote Que Es Capaz De Bendecirte Grandemente Con Favor.*

El Sueño Extraordinario Requerirá De Un Favor Extraordinario.

Tu Futuro Estará
Determinado Por Lo
Que Estás Dispuesto
A Cambiar.

-MIKE MURDOCK

≈ 21 ≈
EL SUEÑO
EXTRAORDINARIO
DETERMINA LO QUE ESTÁS
DISPUESTO A CAMBIAR

Tu Futuro Necesitará Del Cambio.

Dios nos recuerda a través del profeta Isaías: "¡*Voy a hacer algo nuevo!* Ya está sucediendo, ¿no se dan cuenta? "Estoy abriendo un camino en el desierto, y ríos en lugares desolados", (Isaías 43:19).

Confía en que el Espíritu Santo te permitirá y te otorgará el poder para cambiar. Conoce por qué el cambio es necesario.

Solicita el consejo y asesoramiento de consejeros acerca de los cambios que ven que deberías realizar. Disponte a dar pequeños pasos diarios hacia el cambio.

El Espíritu Santo es el Único que puede iniciar esos cambios y guiar a las personas que puedan ayudarte a cambiar.

El Espíritu Santo dispone personas en tu vida para ayudarte a cambiar...a ver lo que no ves...a conocer lo que no conoces.

Algunos cambios no se producirán de forma *instantánea*. Será algo progresivo. Dios no te proporciona toda la información en el mismo momento.

El Espíritu Santo Es El Agente De Cambio. No sólo deseo ser cambiado, sino que también deseo ser un agente de cambio. Quiero que otra persona me diga: "Tú has liberado algo en mí y nunca seré el mismo... Creaste un milagro en mi vida".

Adopta el cambio. Tienes que estar dispuesto a movilizarte hacia la próxima estación de tu vida. Tu Sueño Extraordinario requerirá de cambios en tu vida. ¿Estás dispuesto a realizarlos?

Constantemente se dice: "No puedes cambiar a nadie". No estoy de acuerdo con esa frase. Nos casamos para crear un cambio...los amigos generan cambio.

Mi padre me hizo ver una verdad asombrosa. Me dijo que si caminaba en la luz en la que me encontraba en ese momento, recibiría más luz...como recompensa Divina.

Cuando veo a alguien que se niega a cambiar...es más que un *problema de Sabiduría. Es también un problema de rebeldía.*

Si estuvieran caminando en la luz que tienen, estarían recibiendo más luz. Piensa en esto.

¿Estás caminando a la luz de lo que conoces?

¿Necesitas realizar algún cambio?

Tus Circunstancias Son Creadas Por Tus Decisiones. Tus Decisiones Son El Producto De Tu Sabiduría.

Puedo predecir tu futuro según tu disposición a cambiar.

Hemos leído la historia de Pedro y Judas. Tenían acceso al mismo Salvador y el conocimiento provenía de la misma fuente. *Uno estaba dispuesto a cambiar. El otro no estaba dispuesto a cambiar. Pedro estaba dispuesto a cambiar...Judas no.*

Tu mente necesita renovación (*cambio*) todos los días. Yo necesito cambiar constantemente. A nadie le gusta realmente la palabra cambio...no obstante debemos estar dispuestos a cambiar.

La *falta* *de* *disposición* *a* *cambiar* *tiene* *consecuencias.*

Dolor...si no cambias. El dolor siempre demuestra la presencia de una pérdida.

El placer...es el producto de la ganancia...que requiere del cambio.

Recuerda la Llave para la Sabiduría N° 89: *El Dolor Denota Desorden.*

El cambio implica que debes hacer algo que no estás haciendo en este momento. "¿Están ustedes dispuestos a obedecer? ¡Comerán lo mejor de la tierra! ¿Se niegan y se rebelan? ¡Serán devorados por la espada! El SEÑOR mismo lo ha dicho", (Isaías 1:19-20).

El cambio también implica...que debes dejar de hacer algo con lo que te sientes cómodo.

El cambio puede causar dolor en el presente, pero ganancia en el futuro.

El Sueño Extraordinario requiere de muchos cambios en las *relaciones*, los *hábitos*, los *patrones* y los *programas*.

Nunca Dios asumió que alguna persona no era capaz de cambiar. Continuamente atribuyó la falta de cambio a la *ignorancia* o a la *rebelión*. "...pues por falta de conocimiento mi pueblo ha sido destruido", (Oseas 4:6).

La ignorancia puede ser una fuente de dolor. *Si estás dispuesto a cambiar...el dolor puede ser eventualmente placentero.*

10 Motivos Por Los Que La Gente Se Resiste Al Cambio

1. El Cambio No Se Inicia Por Si Mismo. Hay algo que no fue idea de ellos. Sienten que están siendo manipulados. La solución es permitir que los demás brinden sus sugerencias y sientan que son parte del proceso de cambio.

2. **Rompe Con La Rutina.** La rutina es una reacción aprendida en grupo y que realizamos en reiteradas oportunidades sin pensar demasiado. El cambio amenaza nuestros patrones de hábitos y nos fuerza a pensar y a evaluar nuevamente.

3. **El Cambio Genera Temor A Lo Desconocido.** El Cambio implica que es posible que tengamos que hacer cosas que nunca antes habíamos hecho. Esto hace que emerjan nuestras inseguridades.

4. **Es Posible Que El Propósito Del Cambio No Sea Claro.** Nos enteramos del cambio por una fuente de segunda mano. Además, necesitamos una explicación, una comprensión inmediata y clara.

5. **Es Posible Que El Cambio Genere Miedo Al Fracaso.** No estamos seguros de lo que nos espera más adelante o de lo desconocido. Las personas se aferran a lo que les parece cómodo.

6. **El Cambio No Ocurrirá Cuando Las Personas Se Involucren En Pensamientos Y Conductas Negativas.** Podrás hacer cualquier cosa si le dedicas tu concentración y mente a ello.

7. **Desconfianza Del Liderazgo.** Cuando los seguidores no quieren al líder que dirige los cambios necesarios, sus sentimientos no les permitirán ver los cambios con objetividad.

8. **Sentimientos De Insignificancia E Indignidad.** Una persona puede sentir que el cambio es un ataque personal.

9. **El Cambio Puede Implicar Una Pérdida Personal.** Todos se hacen esta pregunta cuando se produce un cambio. ¿Cómo me afectará? La mayoría de las veces, existen tres grupos que se ven afectados por el cambio.

Quienes *Pierden*.

Quienes *No Se Ven* Afectados.

Quienes *Se Beneficiarán*.

10. El Verdadero Cambio Siempre Requerirá Un Compromiso Adicional. Más *tiempo*...más *responsabilidad*...más *compromiso*.

Tu Disposición Al Cambio Determinará La Realidad, El Resultado Y La Calidad De Tu Sueño Extraordinario.

Oración Para Un Cambio Interno: "Espíritu Santo, *quiero cambiar*. Deseo que todo lo impuro en mí sea desarraigado. Quiero que lo que es bueno crezca en mi interior. Lo espero en el nombre de Jesús. Amén".

El Sueño Extraordinario Determina Lo Que Estás Dispuesto A Cambiar

RECOMENDADOS PARA TU BIBLIOTECA DE SABIDURÍA:

SB-100 Manual Del Espíritu Santo, Vol. 1 (153 páginas/$10USD)

La Paciencia Es El Arma
Que Obliga Al Engaño
A Salir A La Luz.

-MIKE MURDOCK

22

EL SUEÑO EXTRAORDINARIO REQUERIRÁ DE PACIENCIA EXTRAORDINARIA

La Paciencia Es El Dominio Del Presente.

10 Verdades Que Deberías Conocer Sobre La Paciencia

1. La Paciencia Es Una Muestra De Confianza. "Bueno es el Señor con quienes en él confían, con todos los que lo buscan. Bueno es esperar calladamente a que el Señor venga a salvarnos", (Lamentaciones 3:25-26).

2. La Paciencia Es Una Semilla. Es el período entre la siembra y la cosecha. Esa es la razón por la que la Biblia la llama el Tiempo de Siembra y de Cosecha. El tiempo es el período entre la Semilla y la Cosecha.

3. A Menudo La Paciencia Es Agotadora. Puedes haber perdido el gozo de tu Sueño a causa de la espera. Engendra inquietud, un espíritu crítico y te deja frustrado.

4. Tu Paciencia Durante La Espera Puede Ser Dolorosa. Cuando esperas, en ciertas ocasiones se dicen palabras incorrectas que abortan el círculo de la bendición. No debes permitir que de tu boca salgan palabras de desánimo. "Así que no temas, porque yo estoy contigo; no te angusties, porque yo soy tu Dios. Te fortaleceré y te ayudaré; te sostendré con mi diestra victoriosa", (Isaías 41:10).

5. La Paciencia Autoriza A Dios A Enfrentar A Tus Adversarios. El Espíritu Santo toma parte en contra de los enemigos de tu Sueño. Todos los *planes, estrategias* y *trampas* en tu contra eventualmente fallarán si eres paciente en la espera.

6. La Paciencia Certifica Tus Expectativas Para Con Dios. Fija tus ojos en las recompensas de tu Paciencia, *la realidad de tu Sueño...sucederá.* No te rindas nunca. No abandones nunca. Triunfar implica más de una batalla.

7. La Paciencia Siempre Decide El Resultado. La persona que se niegue a abandonar vencerá y logrará El Sueño Extraordinario que desea.

8. La Paciencia Se Genera Continuamente Mediante La Alabanza Continua. *La ingratitud puede traer una maldición, no una bendición.* Mientras estés esperando, genera un clima de acción de gracias y gratitud. "Den gracias a Dios en toda situación, porque esta es su voluntad para ustedes en Cristo Jesús", (1^era Tesalonicenses 5:18).

9. Recuerda Que La Paciencia Siempre Produce Una Respuesta Favorable De Parte De Dios. Esperar es muy difícil.

El Espíritu Santo está muy familiarizado con cada trastorno emocional que puedas tener en este momento. A veces la causa de tu dolor es simplemente tu negativa a ser paciente y esperar el tiempo de Dios. *¡Nuestro Dios es glorioso! Él te está observando.* Nada se escapa a Su atención. Para los impíos, esto puede parecer perturbador...que estén siendo observados. *Para la*

persona que desea la voluntad de Dios, esto es un deleite.
10. La Paciencia Es Un Arma.
La Paciencia Es El Arma Que Obliga Al Engaño A Salir A La Luz. Deja al descubierto al engaño oculto. "Pues la visión se realizará en el tiempo señalado; marcha hacia su cumplimiento, y no dejará de cumplirse. Aunque parezca tardar, espérala; porque sin falta vendrá", (Habacuc 2:3).

5 Claves Para Desarrollar La Paciencia

1.   Recuerda Que El Tiempo Expondrá Lo Que Las Preguntas No Pueden Descubrir. Piensa en las relaciones de tu pasado. ¿Recuerdas tus primeras impresiones? En muchos casos el tiempo demostró lo contrario. Las primeras impresiones no son siempre atinadas.

2.   Mira Al Tiempo Como A Tu Amigo. Permite que trabaje en tu vida y relaciones. Obligará a que surjan las verdades que el mejor interrogador en la tierra no podría exponer. "Todo tiene su momento oportuno; hay un tiempo para todo lo que se hace bajo el cielo", (Eclesiastés 3:1).

3.   Concéntrate En La Realización De Las Tareas Actuales. Existen muchas cosas sin terminar a tu alrededor. Termina esos asuntos mientras esperas más información y el momento para otras decisiones. Mantente productivo.

Domina el arte de la finalización. *Es mejor llegar a ser un Terminador antes que simplemente un Iniciador.*

4.   Repasa Las Historias De Campeones Exitosos Que Hayan Entendido El Poder De La Paciencia. Thomas Edison experimentó 5.000 veces con un solo invento. Cuando le preguntaron cómo se sentía acerca de tantos fracasos, contestó que no había fracasado, sólo había "descubierto algo que no funcionaba". *Imprégnate con las historias de éxito de los demás. Afectarán tu confianza y te infundirán energía y resistencia.*

5. Recuérdate A Ti Mismo Las Pérdidas Que Siempre Produjo La Impaciencia. La impaciencia es mortal. Destruye el origen de aquello que es maravilloso y bueno. Recuerdo haber leído la historia de un polluelo que estaba tratando de salir picoteando su cáscara de huevo. La hija pequeña de un granjero decidió "ayudarlo". Rompió el huevo para abrirlo, *y el polluelo murió.*

El *paciente* picoteo del polluelo estaba desarrollando la fortaleza necesaria para su entrada al mundo. *La espera* le daba tiempo para desarrollar su propia fuerza. Cuando la pequeña rompió el huevo, *aún era demasiado pronto.*

La impaciencia te hace hablar muy apresuradamente, diciendo palabras que no edifican. Esto también aflige al Espíritu Santo y retrasa el cumplimiento de tu Sueño.

El Sueño Extraordinario Requerirá De Paciencia Extraordinaria.

～ 23 ～

EL SUEÑO EXTRAORDINARIO REQUERIRÁ DE ENERGÍA Y BUENA SALUD

Los Hábitos Saludables Generan Alegría.
La mente, el cuerpo y el espíritu necesitan renovarse…cada día.

No esperes que los milagros compensen la ignorancia. Podemos esperar una hora para recibir una oración de sanidad pero negarnos a trotar cinco minutos.

Con frecuencia, nuestras propias decisiones son el origen de nuestros problemas de salud.

No te sentirás bien acerca de Dios si no te sientes bien contigo mismo. Hay dos cosas que no cambiaron cuando aceptaste a Cristo en tu corazón: *tu mente y tu cuerpo.*

Tu mente necesita una renovación diaria con la Palabra de Dios.

Tu cuerpo debe recibir disciplina diaria, con ejercicio.

Lo Que Hagas A Diario Determina Lo que Harás Permanentemente.

18 Pensamientos Poderosos Sobre La Buena Salud

1. La Salud Es Más Importante Que La Sanidad. Algunos pastores no han visto aún el valor de alentar a sus congregaciones para que incorporen hábitos saludables.

2. Tu Cuerpo Es Un Don Divino; Tu Cuidado De Él Es Una Prueba De Gratitud. Somos responsables por el cuidado de lo que Dios nos ha dado. Es un desafío. *Siempre lo será, pero es una meta digna.*

3. Cualquier Acción Hacia La Salud Genera Alegría. Con cada día que te acerques a la salud, aumentarás tu gozo y paz. *Cuando hay gozo y paz,* hay *motivación* y *concentración* para seguir los pasos hacia tu Sueño.

4. Compra La Sabiduría De Un Entrenador Físico. *Las pesas pueden usarse a diario.* Cuando sea posible, procura los servicios de un entrenador para comenzar. Ellos sabrán con exactitud lo que necesitas para tu tipo de cuerpo y te motivarán como nadie más puede hacerlo.

Encuentra un *entrenador personal* que sepa cómo ayudarte a llegar a donde quieres llegar en el menor tiempo posible.

Recuérdate a ti mismo las ventajas y beneficios de la fortaleza y de tener un cuerpo fuerte. Aprende los secretos del físico culturismo y del entrenamiento de fuerza.

Suscríbete a publicaciones de físico culturismo que te ayuden a *visualizar* tu éxito futuro y los cambios en tu cuerpo.

5. Programa Tu Hora Matutina Para La Salud. Ejercítate, *personaliza tu propio entrenamiento físico.* Cuando llego a casa después de haber viajado durante horas no siento deseos de ejercitarme, pero al hacerlo las recompensas valen la pena.

Observa videos mientras te ejercitas. Observa los resultados de tu vida y tu cuerpo, y comenzarás a ver cambios si eres constante.

6. Coloca Imágenes Visuales A Tu Alrededor Que Generen Motivación Y Expectativa.

Espera con paciencia en lugar de quejarte y lamentarte cuando no observes resultados inmediatos.

Espera que Dios haga Su parte sobrenatural y responda a tu búsqueda de buena salud.

Espera que tu cuerpo realice los cambios necesarios. No llegaste a este estado en forma instantánea, y tampoco recuperarás lo que quieres de esa manera.

7. Camina Un Kilómetro Y Medio Por Día.
Caminar *de veinte minutos a una hora por día puede revolucionar tu vida, tus emociones y tu enfoque.* Camina *erguido como un campeón y con tus hombros hacia atrás.*

Camina *con una imagen saludable en tu mente.* Camina *mientras esperas una mejora rotunda.* Camina *erguido como un levantador de pesas o un campeón olímpico.* Conserva esta imagen en tu mente.

Camina *con imaginación, como si estuvieras compitiendo y te encontraras por delante de todos los demás.* Camina *con un propósito y una meta en mente,* por ejemplo, usa este tiempo para memorizar un pasaje de la Escritura o escuchar una cinta de una hora de enseñanza.

Escucha las Escrituras con tus auriculares. Caminar es el mejor ejercicio para afectar de manera radical y positiva tus cambios de humor...*tu manera de pensar.*

Caminar previene el dolor lumbar. Los beneficios de una buena rutina de caminatas son demasiado numerosos como para mencionarlos en este capítulo.

Sé conciente de tu tiempo. Recuerda que estás sembrando una *salud perfecta* para todo tu futuro.

Observa cómo los perdedores se deterioran ante tus ojos por tomar su salud a la ligera o como algo seguro. *Solían ser* campeones.

Quizás al leer esto digas: "*¡Ya es muy tarde para mí!*"

¡No! ¡No es demasiado tarde! Puedes comenzar nuevamente y aún así ser *un Ganador y un Campeón.*

Lee estos capítulos otra vez, *comienza a poner en práctica los cambios personales.* Pronto obtendrás nuevos resultados.

Busca con diligencia desarrollar un cuerpo que agrade a Dios, un cuerpo saludable y con energía. Al mismo tiempo, tus nuevos hábitos saludables te ayudarán a lograr tu Sueño. *Lograr Buena Salud Requiere De Tiempo Y De Hábitos Buenos Y Constantes.*

8. Busca Los Hábitos Saludables En Forma Abierta Y Agresiva. Se implacable en el mantenimiento de tu postura y en tu propósito de desarrollar una buena salud. *Ten en cuenta que cuando hablas sobre perder peso, ¡es ahí cuando te ofrecen rosquillas!*

9. Todo En Tu Vida Es Un Hábito. ¿Qué nuevo *hábito saludable* será beneficioso para tu Sueño?

10. Cambia Tu Salud De Un Día A La Vez. *¿Qué cosa puedes cambiar hoy en la dirección de tu nuevo estilo de vida saludable?* Desarrolla el hábito saludable de manera conciente. No necesitas un juego completo de llaves para poner tu automóvil en marcha, *sólo una.*

11. Enamora A Tu Cuerpo Hablándote A Ti

Mismo. La conversación positiva contigo mismo *te animará cuando nadie más pueda hacerlo*. Observa tu cuerpo y di: "Eres un regalo de Dios para mí. Haré mi mejor esfuerzo por proteger tu *corazón* y tu *mente* y *aumentar tu fuerza* con lo que digo y hago. Yo cuidaré de ti".

Háblate a ti mismo. Habla sobre la buena salud con los demás. Los temas de los que converses son los que aumentarán en tu vida. Avanzarás hacia aquello de lo que hables con frecuencia. Comienza hoy mismo.

12. Rodéate Con Alimentos Saludables. *Pésate en balanzas precisas.* Pésate con honestidad y admite la verdad sobre ti mismo. Pésate con un *objetivo de pérdida de peso* en mente.

Recuerda que en tu interior están la persistencia y la perseverancia para triunfar. Planea tu dieta diaria sólo con lo que edifique tu fortaleza y energía.

13. La Depresión Aparece Rara Vez En Cuerpos Saludables. Un médico que trató a más personas y más depresión que ningún otro en todo el mundo dijo: "Nunca traté a nadie con depresión y que estuviera en forma *físicamente*".

14. Los Buenos Hábitos Pueden Reemplazar A Los Malos Hábitos. Dios nos dio un cuerpo. Cuidarlo es nuestra responsabilidad. ¡Debemos hacerlo! *Un mal hábito* puede arruinar tu vida. *Un buen hábito* puede dar un giro a tu vida.

15. Descubre Qué Te Motiva A La Buena Salud. Debes hacer todo lo que esté a tu alcance para recuperar la mejor calidad de salud física y mental posible para ti.

16. Los Cambios Pequeños Dan A Luz Grandes Recompensas. No es necesario que sean cambios radicales...los cambios pequeños realizados *con constancia* te alentarán.

17. Desarrolla Una Obsesión Por El Agua. *El agua es uno de los mejores hábitos que puedes seguir diariamente.* Ten a mano una jarra de cuatro litros de agua y bébela durante el día. El agua literalmente "lubrica la maquinaria" de cada órgano de tu cuerpo. Bebe un mínimo de 8 vasos de agua por día.

18. Cálmate Y Haz Las Cosas Correctamente. Lo que quieras **aumentar** en tu vida, hazlo *reiteradamente*. Recuerda...*la buena salud toma tiempo.*

La Buena Salud Y La Energía Son Necesarias Para Alcanzar El Sueño Extraordinario Que Dios Te Ha Dado.

El Sueño Extraordinario Requerirá De Energía Y Buena Salud

24

EL SUEÑO EXTRAORDINARIO ES SIMPLEMENTE TU COSECHA DE SEMILLAS EXTRAORDINARIAS

Dios Quiere Que Recibas Su Bendición.
La Biblia lo revela. "El Señor brinda generosamente su bondad a los que se conducen sin tacha", (Salmos 84:11). "Querido hermano, oro para que te vaya bien en todos tus asuntos y goces de buena salud, así como prosperas espiritualmente", (3era Juan 1:2).

Tú Puedes Salir Del Problema.
Abre tu corazón y Dios abrirá Sus ventanas.

Todo Lo Que Tienes Proviene De Dios. Todo lo que recibas en el futuro provendrá de Dios. Él es tu fuente absoluta para todo en la vida. **Nunca** lo olvides.

Jesús Enseñó Que Dar Es El Principio De Las Bendiciones. "Den, y se les dará: se les echará en el regazo una medida llena, apretada, sacudida y desbordante. Porque con la medida que midan a otros, se les medirá a ustedes", (Lucas 6:38).

23 Verdades Sobre Tu Semilla

1. **Una Semilla Es Todo Lo Que Pueda Multiplicarse Y Reproducirse.** El amor es una Semilla. El dinero es una Semilla.

2. **Todo Lo Que Posees Se Puede Volver a Plantar En El Mundo Como Una Semilla.** ¡Piensa en el Mundo como tu tierra y tu Semillero para sembrarte a ti mismo!

3. **Tu Semilla Es Cualquier Cosa Que Beneficie A Los Demás.** Tu perdón, palabras agradables y tiempo para los demás.

4. **Tu Cosecha Es Cualquier Cosa Que Te Beneficie.** El favor de los demás. ¡Tu trabajo y salud!

5. **La Fe-Semilla Significa Sencillamente Plantar Algo Que Tengas, Como Una Semilla, En Fe, Para Una Cosecha Específica.**

6. **Tu Semilla Es Una Fotografía De Tu Fe.** ¡Cuando siembras, revelas tu confianza en el resultado potencial del Espíritu Santo!

7. **La Fe-Semilla Es Sembrar Algo Que Has Recibido Por (Hacia) Algo Que Se Te Ha Prometido.**

8. **Tu Semilla Debe Ser Proporcional A La Cosecha Que Deseas.** ¿Cuál Es El Tamaño De Tu Sueño Extraordinario? ¿Qué clase de Semilla es necesario plantar para obtener la Cosecha que necesitas? Busca Al Espíritu Santo. *Él te recordará lo que ya tienes.* Cuando siembres amor en tu familia, segarás amor. Cuando siembres finanzas en la obra de Dios, segarás bendiciones financieras.

9. **El Secreto De Tu Futuro Está Determinado Por Las Semillas Que Siembras Hoy.** Debes sembrar en las vidas de los demás. Recuerda la Llave para la Sabiduría Nº 6: *Cuando Lo*

Hagas Para Los Demás, Dios Lo Hará Para Ti.

10. Tu Diezmo Es La Prueba De Tu Confianza. Es "El Diezmo". *No olvides nunca que el diez por ciento de tu ingreso es Semilla Santa.* "Traigan íntegro el diezmo para los fondos del templo, y así habrá alimento en mi casa. Pruébenme en esto—dice el Señor Todopoderoso—y vean si no abro las compuertas del cielo y derramo sobre ustedes bendición hasta que sobreabunde. Exterminaré a la langosta, para que no arruine sus cultivos y las vides en los campos no pierdan su fruto", (Malaquías 3:10-11).

11. Tu Semilla Puede Generar Cualquier Futuro Que Desees. Tu Sueño Extraordinario requerirá que participes de este principio. "Den, y se les dará".

12. Todo Lo Que Tienes Es Una Semilla. ¿Qué tienes que puedas dar? ¿Quién necesita lo que tienes para dar? ¿Qué necesitas a cambio de tu Semilla? ¿Quién se beneficiará con lo que des?

Dios Tuvo Un Hijo, Pero Quería Una Familia; Él Sembró A Su Hijo Para Crear Su Familia. ¡Millones de personas nacen de nuevo diariamente al reino de *Dios porque Él dio Su mejor Semilla!*

13. Todo Comienza Con Una Semilla. Alguien planta una pequeña bellota. La bellota se convierte en un poderoso roble. Se planta el pequeño grano de maíz. Cada tallo produce dos espigas de maíz. Cada espiga de maíz contiene más de setecientos granos de maíz. ¡A partir de aquel pequeño grano de maíz (una semilla) se generaron 2.800 granos más!

14. Lo Que Sea Que Hayas Recibido Es Suficiente Como Para Crear Cualquier Otra Cosa Que Se Te Haya Prometido. Debes descubrir qué es.

...El *hondazo* de David originó su fama.

...La *vara* de Moisés dividió el Mar Rojo.

...La *comida* de la viuda de Sarepta autorizó la Provisión Divina durante toda la escasez (ver 1^{era} Reyes 17).

15. La Confiabilidad Es La Semilla Del Ascenso. Si siembras la Semilla de la **diligencia** en tu trabajo, la Cosecha será un *ascenso*. "El perezoso ambiciona, y nada consigue; el diligente ve cumplidos sus deseos", (Proverbios 13:4). "Las manos ociosas conducen a la pobreza; las manos hábiles atraen riquezas", (Proverbios 10:4).

16. No importa Lo Que Eres, Producirás Eso A Tu Alrededor. Yo soy irlandés. ¿Qué crearé? *Irlandeses*. ¿Qué creará un alemán? *Alemanes*. ¿Qué creará una semilla de sandía? *Sandías.* Cuando te vuelves generoso con los demás, las personas a tu alrededor tiene deseos de darte. Es *simple, explosivo e innegable.*

17. Tu Semilla Tiene Garantizada Una Ganancia 100 Veces Mayor. Jesús enseñó el principio de la multiplicación por cien. "—Les aseguro— respondió Jesús—que todo el que por mi causa y la del evangelio haya dejado casa, hermanos, hermanas, madre, padre, hijos o terrenos, recibirá cien veces más ahora en este tiempo (casas, hermanos, hermanas, madres, hijos y terrenos, aunque con persecuciones); y en la edad venidera, la vida eterna", (Marcos 10:29-30).

18. Cualquier Semilla De Nada Generará Un Tiempo De Nada. Es increíblemente trágico si no reconoces tus Semillas: lo que recibiste de Dios para plantar en las vidas de los demás.

Deja de enfocarte en las pérdidas. *Mira durante más tiempo, más cerca y con agradecimiento a lo que posees en este momento.*

19. La Llave De Tu Futuro Es Algo Que Ya Tienes...La Llave Al Sueño Extraordinario. *Puede* *ser conocimiento, dinero, habilidades, o bien ideas, perspicacia y conceptos.*

20. Si Guardas Lo Que Tienes, Entonces Eso Será Lo Máximo Que Llegue A Ser. Soltar lo que tienes es la única evidencia de tu fe en que Dios te proveerá.

21. Una Semilla Extraordinaria Genera Siempre Una Cosecha Extraordinaria. Una Semilla Extraordinaria es la que requiere de una Fe Extraordinaria, o una Semilla que hayas sembrado *durante una época de adversidad Extraordinaria.*

22. El Reconocimiento De Tu Semilla Puede Liberar Miles De Cosechas Que Cambiarán Tu Vida Para Siempre. ¿Qué Semilla puedes sembrar que marque una diferencia en la urgencia de tu Sueño? *¿Qué debe suceder para completar tu Sueño Extraordinario?*

23. Cuando Siembres Lo Que Has Recibido, Segarás Lo Que Se Te Ha Prometido.

Como el Dr. Oral Roberts me dijo durante una tranquila cena con motivo de su cumpleaños Nº 80: "Mike, junto a Jesús, lo más seguro del mundo es que La Semilla se multiplicará".

*El Sueño Extraordinario Es Simplemente Tu Cosecha De Semillas extraordinaria*s.

El Precio
   De La Presencia De Dios
Es Sencillamente Tiempo.

-MIKE MURDOCK

✺ 25 ✺
EL SUEÑO
EXTRAORDINARIO
COMPRENDERÁ TIEMPOS
DE PRUEBA

Cada Período Comprende Un Tiempo De Prueba.

Todo en tu vida es una recompensa o una prueba.

Tu Sueño Es La Imagen Que Dios Te Dio Para Mantenerte Motivado. Las recompensas se usan para motivar a todo el mundo. Dios lo planeó así. Es antinatural buscar la disminución. Es normal buscar el crecimiento. El deseo de ganancias no es satánico. Adán y Eva tenían el deseo de crecimiento aún antes de caer en pecado. *El primer mandamiento dado a toda criatura viviente fue el de multiplicarse.* Tú tienes la naturaleza de Dios en tu interior. El deseo de crecer viene de Él.

13 Verdades Que Debes Recordar Durante El Tiempo De Prueba

1. El Espíritu Santo Te Guiará Hacia Un Tiempo De Prueba. "Jesús, lleno del Espíritu Santo, volvió del Jordán y fue llevado por el Espíritu al desierto. Allí estuvo cuarenta días y fue tentado por el diablo", (Lucas 4:1-2).

Debes Reunir Las Condiciones Para El Sueño Extraordinario. El Espíritu Santo te probará a fin de prepararte para el ascenso al Sueño Extraordinario por el cual has estado luchando. *El propósito de la prueba no es la mera supervivencia.* Es calificarte para el ascenso...el aumento de recompensas.

2. **El Sueño Extraordinario Siempre Se Prueba Mediante Las Pérdidas Inesperadas.** *El deseo de multiplicación y crecimiento es una característica de Dios.* "El ladrón no viene más que a robar, matar y destruir; yo he venido para que tengan vida, y la tengan en abundancia", (Juan 10:10).

3. **La Pérdida Es La Evidencia De Un Adversario Esperado, Pérdida Financiera O Laboral.** El Espíritu Santo guió a Jesús al desierto. Lo trajo a un lugar de soledad. La soledad siempre termina en batalla. *Cada Sueño Extraordinario contiene la prueba de la soledad.*

Recuerda la Llave para la Sabiduría N° 246: *La Batalla De Tu Vida Es Por Tu Mente; La Batalla De La Mente Es Por La Concentración.*

4. **El Lugar De La Prueba Es Siempre El Lugar De La Confianza.** El Espíritu Santo siempre medirá cuidadosamente el tiempo de tu prueba...*para calificarte para tu tiempo de recompensa.*

El Espíritu Santo no te recompensa por sobrevivir a tu prueba. Él te da una prueba a fin de calificarte para las recompensas que desea que experimentes.

5. **Algo Que Veas Te Mantendrá Inspirado Para El Sueño Que No Puedes Ver.**

Dios sigue usando todo lo que ha hecho. Usó las estrellas para motivar la fe de Abraham en que tendría hijos.

Jesús usó *agua* para convertir una fiesta de bodas

en un lugar de milagros cuando se acabó el vino.

Él usó *tierra y saliva* para liberar la fe de un ciego.

Usó un *pez* para darle a Pedro la moneda que necesitaba para pagar impuestos.

El Espíritu Santo usa a Satanás para capacitarte para una bendición. El Espíritu Santo siempre te trae a un lugar de decisión. Te guía a un lugar de prueba.

6.   Cada Pregunta En Tu Tiempo De Prueba Ha Sido Respondida Con Anterioridad En Las Escrituras. El Espíritu Santo conoce al tentador y a las preguntas de la prueba, y proveerá cada respuesta exacta necesaria. Las respuestas se encuentran siempre en la Palabra de Dios. *Siempre.*

7.   Tu Conocimiento De Las Escrituras Decide Tu Fortaleza En Tiempos De Prueba. Cuando Jesús fue tentado, no clamó por una música especial para poder acceder al estado de ánimo adecuado o a Su estado más ingenioso.

Nunca dijo: "Debo regresar a la sinagoga. No tengo ningún derecho de venir aquí solo". No, Él *conocía* las respuestas.

Cuando Jesús comenzó a citar la eterna Palabra de Dios, Satanás se *desmoralizó* y quedó *paralizado*. *Jesús superó la prueba…la Unción comenzó a fluir.*

8.   Espera Que Tu Enemigo Cometa Errores Inesperados. Tu enemigo siempre comete errores. *Tu única responsabilidad es confiar en el Espíritu Santo.*

El Espíritu Santo nunca comete errores. En los tiempos de prueba, sólo relájate. Tu Sueño Extraordinario amerita la prueba. El Espíritu Santo no te permitirá fallar. Él conoce a tu enemigo.

9.   La Palabras Divinas Desmoralizan A Los Adversarios Demoníacos. Debes mantener Sus palabras en tu boca, en tu mente y en cada conversación. Sus palabras son armas. "Las armas con que luchamos no son del mundo, sino que tienen el poder divino para derribar fortalezas", (2ᵈᵃ Corintios 10:4).

10. El Espíritu Santo No Permitirá Que La Prueba Sea Demasiado Grande. "Ustedes no han sufrido ninguna tentación que no sea común al género humano. Pero Dios es fiel, y no permitirá que ustedes sean tentados más allá de lo que puedan aguantar. Más bien, cuando llegue la tentación, él les dará también una salida a fin de que puedan resistir", (1ᵉʳᵃ Corintios 10:13).

11. Experimentarás Una Doble Porción De Influencia Y Provisión A Medida Que Superes Tu Prueba Actual. Eso le sucedió a Job. "Después de haber orado Job por sus amigos, el Señor lo hizo prosperar de nuevo y le dio dos veces más de lo que antes tenía", (Job 42:10).

12. Tu Paciencia Genera Una Gran Frustración En Tus Enemigos Durante Tu Prueba. Es por esto que es importante que seas paciente, sabiendo que Dios responderá tus oraciones. "En verdad, consideramos dichosos a los que perseveraron. Ustedes han oído hablar de la perseverancia de Job, y han visto lo que al final le dio el Señor. Es que el Señor es muy compasivo y misericordioso", (Santiago 5:11). (Ver el capítulo 22.)

13. Recuerda Siempre Que El Espíritu Santo Decidirá El Momento Adecuado Para Tu Sueño Extraordinario. Agradécele por el tiempo de prueba. Él ha decidido el *momento oportuno* y el *tiempo de la victoria*.

Recuerda la Llave para la Sabiduría Nº 148: *El Espíritu Santo Es La Única Persona A La Que Debes Obedecer.* Él también te proveerá fortaleza y te dará poder a través de cada período. Tú triunfarás y vencerás. *Alábale con paciencia a medida que entres en este maravilloso tiempo de ascenso.*

> ► Tus *Pruebas* Te Capacitan Para Un Ascenso.
> ► Tu *Ascenso* Te Habilita Para Las Recompensas.
> ► Tus *Recompensas* Aumentarán El Caudal De Alegría.

Espera *La Prueba* De Tu Sueño Extraordinario.

El Espíritu Santo Decidirá El Momento Oportuno Divino Del Sueño Extraordinario Que Estás Intentando Alcanzar.

El Sueño Extraordinario Comprenderá Tiempos De Prueba

Cuando Dios Te Quiere Bendecir, Trae Una Persona A Tu Vida.

-MIKE MURDOCK

26

EL SUEÑO EXTRAORDINARIO REQUERIRÁ DELEGAR TAREAS Y ESTABLECER CONEXIONES CON LOS DEMÁS

Uno No Puede Multiplicar Por Si Solo.

Puedes Tener Un Éxito Considerable En La Vida.

Puedes Entablar Relaciones Increíbles.

Puedes Producir Finanzas Que Superen Tus Sueños Más Audaces.

Sin embargo, nunca lo harás tú sólo.

La vida es un grupo variado de relaciones, las cuales te compensarán por lo que no tienes.

Imita A Tu Consejero Principal, Jesús.

Jesús *dominaba* a las multitudes.

Él les *ordenó* a Sus discípulos que hicieran sentar a la gente.

Les *entregó* los panes y los peces para que los distribuyeran.

Jesús le dio instrucciones a un ciego para que completara su sanidad. "Dicho esto, escupió en el suelo, hizo barro con la saliva y se lo untó en los ojos al ciego, diciéndole:—Ve y lávate en el estanque de Siloé (que significa: Enviado). El ciego fue y se lavó, y al volver ya veía", (Juan 9:6-7). Jesús enviaba a Sus discípulos a las ciudades para que prepararan comidas especiales. (Ver Marcos 14:12-15.)

7 Claves Para Delegar Y Establecer Conexiones

1. Admite Tus Propias Limitaciones Para Lograr Tu Sueño. Cuando lo hagas, *una energía inexplicable cobrará vida en tu interior.* Admitir tus propias limitaciones de hecho libera tu mente para buscar la solución y motivar a los demás a ayudarte.

Recuerda la Llave Para La Sabiduría Nº 102: *Todo Lo Que No Tengas Está Guardado Dentro De Alguien Cercano A Ti, Y El Amor Es El Mapa Secreto Que Te Guía Hacia El Tesoro.* Admitir que necesitas de los demás implica honestidad interior.

2. Haz Una Lista De Sus Responsabilidades Específicas. Evita las instrucciones verbales. Proporciona una lista por escrito de tareas a realizar.

3. Deja En Claro Tus Expectativas Para Con Tu Equipo. La confusión paraliza. Neutraliza el flujo de energía.

4. Provee La Información Y La Autoridad Necesarias Para Completar Esas Tareas. Infórmales a los demás cómo está formada la cadena de autoridad. Identifica abiertamente quién está autorizado a dar instrucciones y quién está previsto que obedezca.

5. Establece Fechas Límite Satisfactorias Para Completar Las Tareas Y Proyectos. Los planes escritos liberan la confianza en las fechas límite y en las fechas proyectadas de finalización.

6. Invierte Tiempo En Conversaciones Cooperativas. Esto creará compañerismo entre los demás.

7. Recuérdales Las Recompensas Por Sus

Esfuerzos. Recompensa siempre a quienes resuelven tus problemas. Tómate el tiempo de motivarlos y educarlos en cuanto a tus expectativas precisas. *Tómate el tiempo para delegar. Jesús delegaba.* Tu Sueño podría requerir negociaciones extraordinarias.

El Secreto De Sam Walton

Sam Walton era un gran negociador. Cuando quiso crear la tienda número uno en Estados Unidos, se dirigió a sus proveedores. Negoció con los dueños de las empresas más importantes para lograr precios más bajos en sus productos. Les contó su plan y les dijo: "necesitaré de su cooperación". Insistió, luchó y negoció durante cada centímetro del camino. Quería brindarles a sus clientes los mejores precios de Estados Unidos. Solicitó lo mismo de parte de los fabricantes de sus productos.

Sam Walton conocía los secretos de oro necesarios para hacer que sus sueños se cumplieran. *Negoció hasta asegurarse de que cooperarían con él.* Sus empresas obtuvieron enormes ganancias. Debes nutrir y proteger a las relaciones conectadas con tu Sueño.

El Secreto De Dexter Yager

Dexter Yager es uno de los hombres más Extraordinarios que conozco. Te invito a leer su libro: "No Permitas Que Nadie Robe Tu Sueño". Él escribe: *"La persona exitosa se asocia con quienes apoyan su Sueño".*

El Secreto De Salomón

Salomón sabía que uno nunca puede lograr un Sueño importante sin la intervención de las personas. Él vio los tesoros ocultos en las personas a su alrededor como nadie lo había hecho. Respetaba a los que lo rodeaban como a algo más que sirvientes y empleados. Los vio como a algo más que recursos de ingresos e impuestos.

Su amor era lo suficientemente profundo como para pedirle a Dios una habilidad extraordinaria para bendecir y fortalecer a quienes gobernaba. "Yo te ruego que le des a tu siervo discernimiento para gobernar a tu pueblo y para distinguir entre el bien y el mal. De lo contrario, ¿quién podrá gobernar a este gran pueblo tuyo?" (1ᵉʳᵃ Reyes 3:9).

Ama a las personas lo suficiente como para verter tu vida en ellos.

Ama a las personas lo suficiente como para buscar maneras de recompensarlos.

Ama a las personas lo suficiente como para discernir el don principal que Dios ha depositado en ti para ellos.

Dentro de cada corazón humano, palpita un ferviente deseo de ser necesitado, deseado y celebrado. Reconoce sus diferencias y conviértete en su "puente hacia la grandeza".

Salomón conocía el principio y el poder de la honestidad interna. Negar su debilidad lo habría paralizado. Ahora bien, él tenía una antena que atraía *información, ayuda* y *aliento* de los demás. Verás, ayudar a los demás está en la naturaleza del hombre. Es normal y natural...es una cualidad que Dios colocó en nuestro interior. Cuando intentas hacer todo tú mismo, impides que los demás se acerquen a ti. Se sienten *innecesarios, insignificantes* y *poco importantes*, y pierdes la *"mina de oro"* que hay en su interior.

El Sueño Extraordinario siempre requerirá de la observación de los demás. Habla con las personas cercanas a ti. *No dudes en pedirles que te cuenten lo qué están viendo, oyendo y descubriendo.*

El Secreto De Steven K. Scott

Mientras persigues los sueños y las metas para tu vida, toma una hoja de papel y haz lo que sugirió uno de los hombres más ricos de Estados Unidos. Steven K. Scott, cofundador de American Telecast Corporation, dijo en su libro, *"A Millionaire's Notebook"* ("Apuntes de un millonario", sólo disponible en inglés), *"Haz un listado de las cosas que consideres tus mayores debilidades,* tanto personales como profesionales: falta de educación, falta de logros profesionales, impaciencia, mal genio, etc".

Cuando haces esto, reconoces tus debilidades y *atraes a quienes pueden ayudarte a superarlas.*

Busca Los Secretos De Los Demás

Invierte Tiempo En Aprender El Secreto Del Éxito De Otras Personas. Alguien cercano a ti tiene respuestas.

¿Quién ha hecho lo que quieres hacer?

¿Quién ha tenido un éxito notable?

Programa entrevistas con ellos. Pídeles que te digan qué preguntas importantes deberías hacer.

El protocolo tiene importancia. Compórtate sabiamente en presencia de la grandeza. La manera en que te comportes puede determinar si recibirás una segunda invitación. *Cada Entorno Social Requiere De Un Código De Conducta Para Ingresar O Permanecer En Él.*

El Sueño Extraordinario Requerirá De Una Adaptación A Las Necesidades De Quienes Te Rodean. Nunca subestimes la importancia de las personas. Vivimos en un mundo ocupado y apresurado. Es fácil quedar atrapado en el torbellino de tareas y metas.

*La Llave Maestra para alcanzar El Sueño
Extraordinario consiste en inspirar a quienes te rodean
para que se involucren en la realización del Sueño a
través de los vínculos, la cooperación y la negociación.*

4 Características De Las Asociaciones Sabias

1.   **Quienes Hablan Palabras Que Aumentan
Tu Fe Y Sabiduría.** Vuélvete más selectivo con tus
amistades. Recuerda: El mismo tiempo que pierdes con
perdedores puede invertirse en los ganadores.

2.   **Quienes Ven El Valor Del Sueño Que Dios
Te Dio.** Presta atención a la Sabiduría que te rodea. "Si
a alguno de ustedes le falta sabiduría, pídasela a Dios,
y él se la dará, pues Dios da a todos generosamente sin
menospreciar a nadie", (Santiago 1:5).

3.   **Quienes Se Entusiasman Cuando Estás
Con Ellos.** Si les das tu tiempo a quienes no se lo
merecen, deja de quejarte. Tú eres el que les concedió
tiempo. Ellos se aprovecharon porque les diste la
oportunidad.

4.   **Quienes Te Recuerdan Tus Dones Y
Habilidades Especiales.** Los ganadores son aquellos
que han descubierto sus talentos, habilidades y dones
especiales de parte de Dios.

Puedes cambiar el curso de tu vida. Alguien recién
llegado a la ciudad podría no advertir el semáforo y
causar un choque. El conocimiento de las luces del
"semáforo" de la vida determina tus lágrimas o tus
triunfos. Recuerda la Llave Para La Sabiduría Nº 45: *La
Voluntad De Lograr Origina La Capacidad De Cambiar.*

*El Sueño Extraordinario Requerirá Delegar Tareas
Y Establecer Conexiones Con Los demás*

⇜ 27 ⇝
EL SUEÑO EXTRAORDINARIO REQUERIRÁ DE SABIDURÍA EN ASUNTOS ESPECÍFICOS

La Sabiduría Es La Habilidad De Discernir.
Discernir A Las Personas Correctas De Las Incorrectas. A Las Buenas Decisiones De Las Malas Decisiones.

Me encanta ver a la gente triunfar en la vida. También es el deseo de Dios, el Creador. Como el artista atesora su pintura y el maestro artesano la calidad del violín que creó, así nuestro Creador aprecia los *sueños, las metas, la excelencia de vida y la felicidad que tú y yo disfrutamos.*

Existen Dos Fuerzas Que Son Vitales Para La Felicidad: *tus relaciones y tus logros o sueños.*

El evangelio Tiene Dos Fuerzas:
La Persona de Jesucristo y los Principios que Él enseñó.

▶ Una Es El *Hijo De Dios;*
  La Otra Es El *Sistema De Dios.*
▶ Una Es La *Vida De Dios;*
  La Otra Es La *Ley De Dios.*
▶ Una Es *El Rey;*
  La Otra Es *El reino.*

▶ Una Constituye *Una Experiencia Con Dios;*
La Otra Constituye *La Sabiduría De Dios.*

▶ Una Está *Relacionada Con El Corazón;*
La Otra Está *Relacionada Con La Mente.*

La salvación se experimenta *de manera instantánea.*

Los principios se aprenden *de manera progresiva.*

Ambas Fuerzas Son Totalmente Esenciales Para El Éxito Y La Felicidad Totales.

Es importante que tengas un Sueño o propósito en la vida. José tuvo un Sueño.

Jesús tuvo un propósito. Tus sueños deberían estar dispuestos por el Señor. "El Señor afirma los pasos del hombre cuando le agrada su modo de vivir", (Salmos 37:23).

David quiso construir el templo, pero su deseo no representaba una meta proyectada por Dios. Dios había escogido a Salomón para la construcción.

En ocasiones tus deseos personales son opuestos a los planes de Dios. ¿Cómo puedes conocer la diferencia? La encuentras en la Palabra, en el tiempo privado de oración y en la consulta personal con el Padre.

Descubres los planes de Dios. *Generalmente, los planes de Dios se revelan paso a paso.* Si tu Sueño o deseo persiste, probablemente sea un indicio de que Dios quiere que te involucres en ese logro en particular. Por ejemplo, Dios escogió a Salomón para construir el templo, pero David seleccionó los materiales.

Debes Saber Lo Que Dios Quiere Que Hagas Antes De Poder Hacerlo. Prepárate haciendo lo siguiente:

Busca Señales.

Escucha al Espíritu.

Desarrolla una "Respuesta Instantánea" a La Voz de Dios.

Deshazte de las Actividades que te hacen perder Tiempo en tu vida.

Concéntrate en las Relaciones que vienen de Dios.

El Entendimiento y la Sabiduría son Claves de Oro para dominar cualquier situación en la vida.

La Palabra De Dios Es La Sabiduría De Dios. "La exposición de tus palabras nos da luz, y da entendimiento al sencillo", (Salmos 119:130).

La Sabiduría Es Ver Lo Que Dios Ve.

La Sabiduría Es La Clave De Oro Para Alcanzar El Sueño Extraordinario. El conocimiento es aprovechar al máximo todo lo que nos rodea. Los hombres extraordinarios de Dios están compartiendo sus experiencias y nos están enseñando principios para cambiar todas las áreas de nuestras vidas.

El Sueño Extraordinario Requerirá De Sabiduría Extraordinaria.

Dos Fuentes De Conocimiento

1. **Consejeros:** Aprender De Los Errores De Los Demás.

2. **Errores:** Aprender De Nuestros Errores.

Si te sientes desdichado contigo mismo, atrévete a buscar más *información*, nuevas *enseñanzas* y nuevas *verdades* que te exaltarán y edificarán tu relación con Dios.

Si hay pecado en tu vida, arrepiéntete y dedica nuevamente tu vida a Jesucristo. Permite que Su sangre preciosa te limpie. Él restaurará la comunión que necesitas con Él.

12 Principios De Sabiduría Que Te Acercarán A Tu Sueño Extraordinario

1.   **Nunca Pronuncies Palabras Que Hagan Creer A Satanás Que Está Venciendo.** Tus palabras son vida. Expresa esperanza y confianza en Dios. Entusiásmate tanto en planear tus triunfos, que no tengas más tiempo de quejarte por pérdidas del pasado.

2.   **La Vida Cambia Sólo Cuando Cambian Tus Prioridades Cotidianas.** Organiza tu tiempo. Traza un trayecto detallado con fechas límite establecidas. Fija metas urgentes establecidas. *Cuando Planees Tu Día, Habrás Planeado Tu Vida.*

3.   **Quienes No Respeten Tu Tiempo No Respetarán Tu Sabiduría.** Cultiva el discernimiento de las personas. Desarrolla la habilidad de escuchar a Dios en cuanto al papel que alguien tiene en tu vida.

4.   **Deja De Mirar Lo Que Ves Y Empieza A Mirar Lo Que Puedes Tener.** Reconstruye un buen autorretrato. A veces nos enfocamos más en los problemas que en las posibilidades. Sé agradecido por los dones que Dios te ha dado. Concéntrate en tus puntos fuertes.

5.   **La Intolerancia Del Presente Genera Un Futuro.** Atrévete a aceptar el cambio. Tú eres lo que has decidido ser. *Nunca Te Quejes Acerca De Lo Que Permites.*

6.   **Todo Aquel Que No Pueda Valorizarte, Eventualmente Te Desvalorizará.** Desvincúlate de las personas incompetentes que abusan y maltratan tu vida. Reevalúa tus amistades. No permitas que se destruya tu Sueño a causa de alguien que se burla de tu interés en cumplirlo.

7.   **Tus Palabras Son Señales De Tránsito Para Los Demás, Que Indican La Dirección En La**

Que Se Mueve Tu Vida. *Las palabras son fuerzas. Son herramientas* que Dios te dio para edificar tu propio espíritu y tu propia mente. Controla tu boca.

Tu espíritu y tu cuerpo responden a las palabras.

8. Cualquier Desorden En Tu Vida Puede Producir La Muerte De Tu Sueño. Millones de personas que no mienten, ni engañan ni roban están inmovilizadas por las frustraciones...*paralizadas* en su búsqueda de metas espirituales. Se honesto contigo mismo. Identifica la causa de tus luchas. Podría decidir la vida o la muerte de tu Sueño.

9. El Fracaso Perdurará Sólo Mientras Lo Permitas. Comprende que Dios está contigo todo el tiempo. Depende de Su presencia para sostenerte y mantenerte fuerte. Puedes ser libre cuando "Practicas" la presencia de Dios.

10. Los Hombres No Deciden Su Futuro Realmente...Deciden Sus Hábitos; Luego, Sus Hábitos Deciden Su Futuro. Controla las circunstancias dentro de tus posibilidades. Decide qué puedes cambiar. Comienza a desarrollar hábitos que afecten tus Sueños Y metas futuras.

11. Nunca Saldrás De Donde Estás Hasta Que Decidas Dónde Preferirías Estar. Es normal experimentar algunos contratiempos, momentos de dudas y confusión. Haz de esto tu confesión. "Todo lo puedo en Cristo que me fortalece", (Filipenses 4:13).

12. Los Períodos De Tu Vida Cambiarán Cada Vez Que Decidas Utilizar Tu Fe. Recuerda...

¡Dios te creó para que te eleves, *no para que te hundas*!

¡Dios te creó para volar, *no para caer*!

¡Dios te creó para que estés de pie, *no para que tropieces*!

▶ Mantén Un Registro De Sabiduría.

► Facilita La Tarea Dictando Tus Pensamientos En Una Grabadora Digital.
► Haz De Tu Mente Una Examinadora Constante De Tu Entorno.
► Consigue Tu Propio Sistema De Información, Tu Computadora Y Tu Escáner.

El Sueño Extraordinario Requerirá De Sabiduría En Asuntos Específicos.

28

El Sueño Extraordinario Requerirá De La Buena Administración De Tu Mente

Tu Mente Es Tu Mundo.

Lo Que Suceda En Tu Mente Tarde O Temprano Sucederá. Nunca justifiques un fracaso. Rechaza tu empecinamiento en culpar a los demás. Descubre la clave para salir de tus dificultades.

La Felicidad Comienza En Tu Mente. Tu mente es la sala de estar en la que aguardan las circunstancias futuras.

La Buena Administración De La Mente Es La Clave Del Éxito...Y De La Energía. "Por último, hermanos, consideren bien todo lo verdadero, todo lo respetable, todo lo justo, todo lo puro, todo lo amable, todo lo digno de admiración, en fin, todo lo que sea excelente o merezca elogio", (Filipenses 4:8).

Los Ganadores Son Simplemente Ex-Perdedores Que Se Volvieron Locos. Se cansaron del fracaso. El día en que te enojas con tus fracasos es el día en que comienzas a vencer.

La victoria no comienza a tu alrededor, comienza dentro de tu MENTE. La victoria atrae oposición.

La adversidad tiene sus ventajas.
▶ Revela La Profundidad De Las Amistades.
▶ Te Obliga A Buscar
Información Más Precisa.
▶ Te Ayuda A Decidir Lo Que Realmente Crees.

14 Claves Poderosas Para Administrar Tu Mente

1. **Discierne La Definición De Éxito.** El éxito es el logro progresivo de una meta dada por Dios.
2. **Establece Metas Concretas Para Ti Mismo.** No debes meramente establecer tus metas, sino que debes hacerlo bajo la guía divina.
3. **Que Tus Metas Sean Equilibradas Y Razonables.** El énfasis excesivo en un área hará que otra se deteriore. "La sabiduría del prudente es discernir sus caminos", (Proverbios 14:8).
4. **Medita En Las Escrituras.** La mentalidad de Dios se absorbe con sólo leer la Palabra de Dios. Te otorga la capacidad de discernir lo que es falso y lo que es verdadero.
5. **Discierne Al Consejero Espiritual Que Más Intensifique Tu Confianza En La Palabra De Dios.** Invierte tiempo en encontrar la iglesia adecuada, y luego sé fiel. Asiste con regularidad. Ofrece tu tiempo voluntariamente a modo de Semilla, y Dios te honrará grandemente.
6. **Planifica Momentos Con Triunfadores Extraordinarios.** Conviértete en un aprendiz. "El que con sabios anda, sabio se vuelve", (Proverbios 13:20).
7. **Invierte En Ti Mismo.** Desarrolla tu **mente**, tu **espíritu** y tu hombre **interior**. Si un almuerzo de $20 hace que tu estómago se sienta bien durante cuatro horas, piensa lo que produciría en tu

mentalidad y en tu capacidad vital la inversión de $20 en cintas de audio o libros que impregnen tu mente y espíritu con la unción de Dios.

8. **Mantente Productivo Y En Movimiento Sin Cesar.** Los derrochadores de tiempo entristecen a Dios. La ociosidad produce **frustración, aburrimiento** y quizás hasta **depresión**.

9. **Identifica Tu Principal Diferenciación De Los Demás Y Edifica Tu Vida En Torno A Eso.** Echa un buen vistazo a tu interior. Eres responsable ante Dios por el desarrollo de tus habilidades. **Todos tienen talentos y dones distintos.**

Si bien un hombre recibe una remuneración en relación con la demanda de sus dones especiales, Dios valora por igual las capacidades y dones de cada ser humano. Tú debes hacer lo mismo. *Valora la grandeza de tus dones*. Invierte tiempo en mejorarlos. Los talentos especiales que Dios te ha dado generarán todo lo que necesites para tu éxito financiero, **pero debes desarrollar las Semillas en tu interior**.

10. **Debes Cultivar Un Espíritu Fácil De Enseñar.** La disposición al cambio no implica necesariamente un compromiso de principios.

11. **Desentraña Tus Momentos Actuales Y Saborea La Diferencia Divina Que Disciernas En Ellos.** Cada momento en que quieres palpar tu futuro ya está en tu presente. Te tomó toda una vida llegar hasta este momento...*¿por qué quieres escaparte de él?*

12. **Recuérdate Que Hay Algo Que Dios Escondió En Tu Interior Que Lo Mantiene Muy Interesado En Su Inversión.** Te sientes como una bellota. Dios mira el roble en el que te estás transformando. Recuera la Llave Para La Sabiduría N° 275: *El Éxito De Mejor Calidad Es La Disposición A Transformarte*.

13. La Siembra De La Semilla De La Adaptación Es Una Prueba De Genialidad. La *flexibilidad* y la *apertura* a la verdad son evidencias de que eres un vencedor. A veces se necesita coraje para escuchar. El tiempo y el conocimiento deberían expandirte. Permíteles cambiarte. No seas un "sabelotodo". Recuerda la Llave Para La Sabiduría Nº 268: *El Primer Paso Hacia El Éxito Es La Disposición Para Escuchar.*

14. Usa Tu Boca Para Dominar Tu Mente. *Te conviertes en lo que piensas.*

Imagínate Sano.

Imagínate Próspero.

Imagínate En Un Matrimonio Feliz.

Imagínate Vencedor.

Imagínate Victorioso.

Cuando controlas tus pensamientos, controlas tu vida. "Por último, hermanos, consideren bien todo lo verdadero, todo lo respetable, todo lo justo, todo lo puro, todo lo amable, todo lo digno de admiración, en fin, todo lo que sea excelente o merezca elogio", (Filipenses 4:8). Visualiza lo que quieras que se haga realidad.

Estarás Bien Encaminado Para Alcanzar Tu Sueño Extraordinario Cuando Desarrolles Una Buena Administración De Tu Mente.

El Sueño Extraordinario Requerirá De La Buena Administración De Tu Mente.

29

EL SUEÑO EXTRAORDINARIO REQUERIRÁ DE OBEDIENCIA CONTINUA

Obediencia es completar una orden.

La Obediencia Es Lo Único Que Dios Siempre Le Exigió Al Hombre. "Si ustedes me aman, obedecerán mis mandamientos. Y yo le pediré al Padre, y él les dará otro Consolador para que los acompañe siempre", (Juan 14:15-16).

15 Pensamientos Poderosos Sobre La Obediencia

1. Tu Obediencia Siempre Deleita A Dios. "¡Aprendan a hacer el bien! ¡Busquen la justicia y reprendan al opresor! ¡Aboguen por el huérfano y defiendan a la viuda! Vengan, pongamos las cosas en claro—dice el Señor—. ¿Son sus pecados como escarlata? ¡Quedarán blancos como la nieve! ¿Son rojos como la púrpura? ¡Quedarán como la lana!" (Isaías 1:17-18).

2. A Los Obedientes Se Les Promete Prosperidad. "¿Están ustedes dispuestos a obedecer? ¡Comerán lo mejor de la tierra! ¿Se niegan y se rebelan? ¡Serán devorados por la espada! El SEÑOR mismo lo ha dicho", (Isaías 1:19-20).

3. Los Obedientes Son Los Únicos Que Reúnen Las Condiciones Necesarias Para La Obediencia. "—Dichosos más bien—contestó Jesús—los que oyen la palabra de Dios y la obedecen", (Lucas 11:28).

4. Los Obedientes Tienen Su Seguridad Garantizada. *La obediencia a La Palabra garantiza tu seguridad personal.* "Pongan en práctica mis estatutos y observen mis preceptos, y habitarán seguros en la tierra. La tierra dará su fruto, y comerán hasta saciarse, y allí vivirán seguros", (Levítico 25:18-19).

5. Los Obedientes Afectan El Destino De Muchas Generaciones En Sus Propias Familias. "Puesto que me has obedecido, todas las naciones del mundo serán bendecidas por medio de tu descendencia", (Génesis 22:18).

6. Los Obedientes Certifican Su Confianza En Dios. *La Obediencia Es La Única Prueba De Tu Fe En Dios.* Le pides un milagro a Dios. El te da una indicación. Cuando la obedeces, es prueba de que crees en lo que Él dijo.

7. Los Obedientes Aprenden Cosas Que Los Demás Nunca Llegan A Comprender. "Aunque era Hijo, mediante el sufrimiento aprendió a obedecer; y consumada su perfección, llegó a ser autor de salvación eterna para todos los que le obedecen", (Hebreos 5:8-9).

8. Los Obedientes Reúnen Las Condiciones Necesarias Para Una Relación Personal Con Dios. La obediencia genera tu relación con Dios. "Pero él les contestó:—Mi madre y mis hermanos son los que oyen la palabra de Dios y la ponen en práctica", (Lucas 8:21).

Como cristianos, debemos *implementar, adoptar* y *basarnos en* la sabiduría de seguir las indicaciones de Dios de manera adecuada.

Pídele al Espíritu Santo que despierte en ti un deseo de seguir sus instrucciones. Por sobre todas las cosas, Él desea que sus hijos le obedezcan.

La obediencia genera siempre oleadas de bendición.

Obediencia Al Consejo De Tu Consejero Espiritual. Para seguir tu Sueño Extraordinario...en ocasiones recibirás instrucciones de alguien en una posición de consejería. Podría ser tu pastor o un consejero que hayas elegido para que te guíe.

La simple obediencia será el camino a seguir. Aún cuando no comprendas algo...tienes que confiar. Sus decisiones no siempre son lógicas sino desde una perspectiva de revelación sobrenatural de Dios.

Puedo rastrear casi todo el dolor en mi vida hasta una indicación ignorada...*un acto de desobediencia.*

No puedes edificar un *futuro*, una *visión*, un *Sueño Extraordinario* si no hay suficiente respeto como para seguir las indicaciones de alguien.

9. Tu Reacción Hacia Un Hombre De Dios Determina La Reacción De Dios Hacia Ti.

Tu reacción a Su autoridad es tu forma de *honrarlo* o *deshonrarlo*. *¿Qué estás haciendo con las instrucciones que Dios ya te dio?* ¿Qué estás haciendo con las indicaciones de tu supervisor?

10. Sólo Puedes Ser Ascendido Por Alguien Cuyas Instrucciones Has obedecido. Obedece las instrucciones de la autoridad superior a ti. Además, espera que tus empleados sigan tus instrucciones.

Pídele al Espíritu Santo que te conceda entendimiento sobre la manera en que la *obediencia* produce *recompensas*. Recuerda la Llave Para La Sabiduría Nº 14: *La Instrucción Que Sigues Determina El Futuro Que Produces.*

11. La Obediencia Produce Victorias. Acán

fue un hombre en la Biblia que *no obedeció* una indicación y causó lamentos en cada tienda de Israel a causa de su desobediencia.

12. Dios Nunca Te Hará Avanzar Más Allá De Tu Último Acto De Desobediencia.

13. La Obediencia Puede Generar Un Tiempo De Pérdida Temporal. Muy pocas veces la obediencia es sencilla. Es inevitable que haya algunas pérdidas. Sin embargo, tales pérdidas son necesarias y esenciales para obtener beneficios a largo plazo.

Dios tiene sus motivos para cada exigencia que hace sobre tu vida. Debes ver los *Tesoros más allá de las Pérdidas.*

La Doble Porción De Bendición De Dios Puede Llegar Después De Cada Pérdida Importante. Sucedió cuando Job perdió a sus hijos, sus manadas y rebaños y su posición de credibilidad y popularidad. "Después de haber orado Job por sus amigos, el Señor lo hizo prosperar de nuevo y le dio dos veces más de lo que antes tenía", (Job 42:10).

14. No Existe Una Mayor Falta De Respeto Que Ignorar O Negarse A Seguir Una Instrucción Que Se Nos Ha Dado. Nunca eres responsable por el dolor de quienes ignoran tu consejo.

15. La Obediencia Aumenta Tu Valía.

Cuando un perro es obediente, su valor llega a ser muy alto. Hay escuelas de obediencia para perros que son muy costosas. También aumenta el precio del perro.

Muchos animales aprenden a obedecer rutinas circenses que realizan en los zoológicos. Los hombres ganan fortunas con los animales obedientes.

10 Claves Importantes Para Obedecer Instrucciones

1. **Nunca Tomes Una Instrucción A La Ligera.**
    ▶ *Una instrucción debería ser clara, precisa y comprensible.*
    ▶ *Las instrucciones movilizan cualquier proyecto hacia su finalización.*
    ▶ *Las instrucciones están para aligerar la carga.*
    ▶ *Las instrucciones se dan para evitar pérdidas de dinero.*

2. **Las Instrucciones Deben Provenir De La Persona Autorizada Y Calificada Para Impartirlas.**
    ▶ *Deben ser detalladas y completas...*
    ▶ *Deben ser impartidas con claridad...*
    ▶ *Deben ser comprendidas...*
    ▶ *Deben impartirse al responsable de su finalización.*
    ▶ *Deben contar con plazo definido...*

3. **Escucha La Instrucción Completa.**
    ▶ *Escucha los detalles...*
    ▶ *Los plazos esperados...*
    ▶ *Los problemas que se anticipan...*
    ▶ *El color, el Tamaño...*
    ▶ *La Calidad, la Cantidad...*
    ▶ *Advierte lo que no se dijo de manera que puedas realizar las preguntas adecuadas.*

4. **Repítele Las Instrucciones A Quien Te Las Impartió.**
    ▶ *La persona que da las instrucciones necesita escuchar exactamente lo que tú escuchaste.*
    ▶ *A veces se pensó en algo   pero en realidad no*

fue mencionado.

▶ *A veces el empleado escucha sólo una parte de la instrucción.*

▶ *A veces ambas partes asumen que el otro sabe de qué están hablando y lo que están pensando.*

▶ **Repítelo con claridad y completamente.**

5. **Lleva A Cabo La Instrucción.**

▶ *Hazlo en la manera prevista.*

▶ *Hazlo de manera completa y minuciosa.*

▶ *Informa cualquier problema que encuentres.*

6. **Ríndele Cuentas A Quien Te Dio La Instrucción.**

▶ *Informa el progreso y estado a medida que prosiga la tarea.*

▶ *Brinda informes continuos.*

▶ *Sé honesto al dar informes.*

Cuando se ignora una instrucción, ocurre lo contrario. **Toda instrucción ignorada producirá una pérdida de tiempo, energía o dinero.**

7. **Nunca Menosprecies Una Instrucción.**

▶ No la subestimes. "Ya sé que el pastor dijo que lo quería, pero ya sabes que a veces cambia de idea".

▶ La falta de respeto se hace evidente a través de los comentarios descorteses.

8. **Evita Las "Instrucciones Olvidadas".**

▶ Escríbelas. Un lápiz corto es más largo que una larga memoria.

▶ Usa un Organizador Diario para mantener un registro de las instrucciones e información importantes.

▶ Usa tu mente para la creatividad, no para la memoria.

9. **No Alteres Las Instrucciones.**

▶ Comprende lo que se está diciendo y luego escríbelo.

▶ Después repítele a tu instructor lo que entendiste que dijo.

10. No Niegues Una Instrucción.

▶ No desafíes a la instrucción. Si tienes algo que decir al respecto, habla con tu líder en privado y aclara la situación o solicita más información.

El Sueño Extraordinario Requerirá De Obediencia Continua.

La Sumisión
No Puede Comenzar
Hasta Que Finaliza
El Acuerdo.

-MIKE MURDOCK

30

EL SUEÑO EXTRAORDINARIO REQUERIRÁ QUE SEAS SUMISO A ALGUIEN

La Autoridad No Implica Permiso Para Dominar.

La autoridad implica permiso para proteger. El propósito de la autoridad no es meramente restringir, sino hacer progresar al otro, reconocer y recompensar su obediencia. La autoridad requiere de habilidad.

3 Recompensas Por Sujetarse A Una Autoridad Legítima

Quienes Te Dirigen Tienen Instrucciones De Recompensarte. "No niegues un favor a quien te lo pida, si en tu mano está el otorgarlo", (Proverbios 3:27).

1. La Autoridad Competente Debería Brindarte Protección. Observa que Dios no solamente te indicó que le trajeras el diezmo. Él prometió proteger todo lo que generes y produzcas.

El pacto recompensa a todos los que están involucrados.

2. La Autoridad Competente Debe Procurar Provisión Para Ti. Eso es exactamente lo que Dios te promete. "Si realmente escuchas al Señor tu Dios, y cumples fielmente todos estos mandamientos que hoy te ordeno, el Señor tu Dios te pondrá por encima de todas las naciones de la tierra", (Deuteronomio 28:1).

3. La Autoridad Competente Debería Enaltecerte. El verdadero origen del enaltecimiento viene de Dios. "La exaltación no viene del oriente ni del occidente ni del sur, sino que es Dios el que juzga: a unos humilla y a otros exalta", (Salmos 75: 6-7).

16 Verdades Que Debes Saber Acerca De La Sumisión

1. Tu Sumisión Es La Voluntad De Aceptar El Liderazgo De Quienes Son Responsables De Dirigir Tu Vida. La sumisión recibe recompensa cuando se la cumple de acuerdo con la Palabra de Dios. Habrá muchos períodos distintos durante el descubrimiento de tu Sueño.

2. Tu Sumisión Es Una Elección Personal. "Dios se opone a los orgullosos, pero da gracia a los humildes, Humíllense delante del Señor, y él los exaltará", (Santiago 4:6,10).

3. Tu Sumisión Revela Humildad. Algunas personas asumen que el liderazgo significa fuerza y la sumisión implica debilidad. Sin embargo, la verdadera sumisión es una muestra de flexibilidad, confianza y humildad. Es la cualidad de los campeones. La humildad es la puerta hacia la exaltación.

4. La Sumisión Es Tu Don Personal De Cooperación Para Quienes Te Lideran. Todo gran líder comenzó como un gran discípulo. Honraron la autoridad establecida por Dios. "Obedezcan a sus dirigentes y sométanse a ellos, pues cuidan de ustedes como quienes tienen que rendir cuentas. Obedézcanlos a fin de que ellos cumplan su tarea con alegría y sin quejarse, pues el quejarse no les trae ningún provecho", (Hebreos 13:17).

5. Tu Sumisión A La Autoridad Refleja La Naturaleza De Jesús En Tu Interior. Cuando Jesús oró en el Jardín del Getsemaní, hizo esta oración antes del Calvario. "Padre mío, si es posible, no me hagas beber este trago amargo. Pero no sea lo que yo quiero, sino lo que quieres tú", (Mateo 26:39).

6. A La Larga, Tu Sumisión Debe Producir Gozo Interior. "Fijemos la mirada en Jesús, el iniciador y perfeccionador de nuestra fe, quien por el gozo que le esperaba, soportó la cruz, menospreciando la vergüenza que ella significaba, y ahora está sentado a la derecha del trono de Dios", (Hebreos 12:2).

7. Tu Sumisión A Un Mentor Te Habilita Para Su Unción. Eliseo recibió como recompensa una doble porción de la unción de Elías.

8. Tu Negativa A Sujetarte A La Cadena De Autoridad Traerá Períodos De Tragedia. "¿Se niegan y se rebelan? ¡Serán devorados por la espada! El Señor mismo lo ha dicho", (Isaías 1:20).

9. Tu Sumisión A Un Verdadero Hombre O Mujer De Dios Producirá Prosperidad. "¡Confíen en el Señor, y serán librados! ¡Confíen en sus profetas, y tendrán éxito!" (2da Crónicas 20:20).

10. Tu Sumisión A Un Liderazgo Sabio E Idóneo Es Un Mandamiento Bíblico. "Acuérdense de sus dirigentes, que les comunicaron la palabra de Dios. Consideren cuál fue el resultado de su estilo de vida, e imiten su fe", (Hebreos 13:7).

11. Tu Sumisión Mediante La Honra Y El Respeto A Los Demás Revela Tu Temor A Dios. "Sométanse unos a otros, por reverencia a Cristo", (Efesios 5:21). "Por tanto, el que se humilla como este niño será el más grande en el reino de los cielos", (Mateo 18:4).

12. Tu Sumisión Revela El Temor A Dios Y Garantiza La Provisión Y Exaltación Sobrenaturales. "Recompensa de la humildad y del temor del Señor son las riquezas, la honra y la vida", (Proverbios 22:4).

13. Tu Sumisión A La Autoridad Con Frecuencia Se Repite En Quienes Están A Tu Servicio. *Lo que eres es lo que crearás a tu alrededor.* Tu sujeción a tus superiores motiva a las personas bajo tu autoridad a sujetarse también a ti. Te conviertes en su ejemplo. *Quienes te dirigen están también bajo la autoridad de Dios.*

14. Tu Sumisión A La Palabra De Dios Desencadenará Una Sabiduría Extraordinaria En Tu Interior. Las Escrituras pueden "...darte la sabiduría necesaria para la salvación mediante la fe en Cristo Jesús...a fin de que el siervo de Dios esté enteramente capacitado para toda buena obra", (2da Timoteo 3:15-17).

15. Tu Sumisión Es Una Semilla Que Con El Tiempo Producirá Una Cosecha De Honor. No te rindas cuando te sientas estresado, agobiado e incapaz de cumplir con los requisitos de los demás. "No nos cansemos de hacer el bien, porque a su debido tiempo cosecharemos si no nos damos por vencidos", (Gálatas 6:9).

16. Tu Sumisión Es El Vínculo Divino Con Una Persona Que Te Observa, Te Respeta Y Te Eleva Hacia Tu Sueño Extraordinario. Muchas veces Dios utiliza a alguien con autoridad sobre tu vida para hacer progresar tu Tarea y ayudarte a descubrir tu Sueño Extraordinario.

▶ Rut se **sujetó** a Noemí, quien la vinculó con Booz.

▶ Naamán se **sujetó** al profeta y su lepra desapareció.

▶ La viuda de Sarepta se **sujetó** a la instrucción de Siembra de Elías y recogió una Cosecha en medio de la escasez.

El Sueño Extraordinario Requerirá Que Seas Sumiso A Alguien.

La Guerra Implica Siempre El Nacimiento De Un Milagro.

-MIKE MURDOCK

❧ 31 ❧
El Sueño
Extraordinario
Requerirá Un Corazón
De Guerrero

———————◦———————

La Guerra Es Inevitable.
Tu Enemigo Observa Todo El Avance.
El Espíritu Santo es tu consejero en tiempos de batalla y conflicto: "(Dios) adiestra mis manos para la batalla, y mis brazos para tensar arcos de bronce", (Salmos 18:34). "Bendito sea el Señor, mi Roca, que adiestra mis manos para la guerra, mis dedos para la batalla", (Salmos 144:1).

La finalización de tu *Tarea* producirá la obtención de tu Sueño. Requerirá también de la *Naturaleza, Habilidades y Mentalidad de un Guerrero.*

18 Cualidades Del Guerrero Extraordinario

1.   El Guerrero Extraordinario Sólo Utiliza Armas Que Nunca Le Han Fallado. David se negó a usar otras armas. Usó la que mejor conocía: su honda. (Ver 1^{era} Samuel 17:38-40.)

2.   El Guerrero Extraordinario Se Niega A Usar La Armadura Y El Armamento De Quienes Han Fallado Antes Que Él. David lo hizo. "Luego

Saúl vistió a David con su uniforme de campaña. Le entregó también un casco de bronce y le puso una coraza. David se ciñó la espada sobre la armadura e intentó caminar, pero no pudo porque no estaba acostumbrado. —No puedo andar con todo esto —le dijo a Saúl—; no estoy entrenado para ello. De modo que se quitó todo aquello", (1^{era} Samuel 17:38-39).

3. El Guerrero Extraordinario Sabe Que Cuenta Con Algo Que Su Enemigo Debería Temer. David estaba dispuesto a pelear. "Entonces David le dijo a Saúl: —¡Nadie tiene por qué desanimarse a causa de este filisteo! Yo mismo iré a pelear contra él", (1^{era} Samuel 17:32).

4. El Guerrero Extraordinario Conoce La Verdadera Fuente De Su Confianza Y Capacidad. David lo sabía. "El Señor, que me libró de las garras del león y del oso, también me librará del poder de ese filisteo", (1^{era} Samuel 17:37).

5. El Guerrero Extraordinario Sabe Que El Poder De Dios Es Más Grande Que Las Armas Del Hombre. David lo sabía. "David le contestó:—Tú vienes contra mí con espada, lanza y jabalina, pero yo vengo a ti en el nombre del Señor Todopoderoso, el Dios de los ejércitos de Israel, a los que has desafiado", (1^{era} Samuel 17:45).

6. A Menudo, El Guerrero Extraordinario Usa En Su Mayor Batalla Las Habilidades Que Desarrolló Durante Su Rutina Cotidiana. David lo hizo. Estaba acostumbrado a proteger las ovejas de su padre. "...tomó su bastón, fue al río a escoger cinco piedras lisas, y las metió en su bolsa de pastor. Luego, honda en mano, se acercó al filisteo", (1^{era} Samuel 17:40).

7. El Guerrero Extraordinario Espera Ser Un Instrumento En Las Manos De Dios Para Destruir A Su Enemigo. David lo esperaba. "Hoy mismo el Señor te entregará en mis manos; y yo te mataré y te cortaré la cabeza. Hoy mismo echaré los cadáveres del ejército filisteo a las aves del cielo y a las fieras del campo, y todo el mundo sabrá que hay un Dios en Israel", (1era Samuel 17:46).

8. El Guerrero Extraordinario Espera Que Sus Enemigos Caigan, Y Por Ello Predice Públicamente La Victoria. David lo hizo. "Hoy mismo el Señor te entregará en mis manos", (1era Samuel 17:46). "Mis enemigos retroceden; tropiezan y perecen ante ti", (Salmos 9:3).

9. El Guerrero Extraordinario Mantiene La Ofensiva Contra Sus Enemigos. David lo hizo. "En cuanto el filisteo avanzó para acercarse a David y enfrentarse con él, también éste corrió rápidamente hacia la línea de batalla para hacerle frente", (1era Samuel 17:48).

10. El Guerrero Extraordinario Espera Que Los Espectadores De La Batalla Observen Y Experimenten El Poder De Dios. David lo hizo. "Todos los que están aquí reconocerán que el Señor salva sin necesidad de espada ni de lanza. La batalla es del Señor, y él los entregará a ustedes en nuestras manos", (1era Samuel 17:47).

11. El Guerrero Extraordinario Conserva Recuerdos Vibrantes De Victorias Pasadas. David lo hizo. "David le respondió:—A mí me toca cuidar el rebaño de mi padre. Cuando un león o un oso viene y se lleva una oveja del rebaño, yo lo persigo y lo golpeo hasta que suelta la presa. Y si el animal me ataca, lo sigo golpeando hasta matarlo. Si este siervo de Su Majestad ha matado leones y osos, lo mismo puede hacer con ese filisteo pagano, porque está desafiando al ejército del Dios viviente", (1era Samuel 17:34-36).

12. El Guerrero Extraordinario Ignora Las Opiniones De Los Perdedores Y Fracasados Evidentes A Su Alrededor. David lo hizo. "Eliab, el hermano mayor de David, lo oyó hablar con los hombres y se puso furioso con él. Le reclamó:—¿Qué has venido a hacer aquí? ¿Con quién has dejado esas pocas ovejas en el desierto? Yo te conozco. Eres un atrevido y mal intencionado. ¡Seguro que has venido para ver la batalla!—¿Y ahora qué hice?—protestó David—. ¡Si apenas he abierto la boca! Apartándose de su hermano, les preguntó a otros, quienes le dijeron lo mismo", (1era Samuel 17:28-30).

13. El Guerrero Extraordinario Busca, Saborea Y Celebra Las Recompensas De Cada Victoria. David lo hizo. "Algunos decían: ¿Ven a ese hombre que sale a desafiar a Israel? A quien lo venza y lo mate, el rey lo colmará de riquezas. Además, le dará su hija como esposa, y su familia quedará exenta de impuestos aquí en Israel. David preguntó a los que estaban con él:—¿Qué dicen que le darán a quien mate a ese filisteo y salve así el honor de Israel? ¿Quién se cree este filisteo pagano, que se atreve a desafiar al ejército del Dios viviente?" (1era Samuel 17:25-26).

14. El Guerrero Extraordinario Cumple Con La Promesa De Destruir A Su Enemigo. David lo hizo. "Luego corrió adonde estaba el filisteo, le quitó la espada y, desenvainándola, lo remató con ella y le cortó la cabeza", (1era Samuel 17:51).

15. El Guerrero Extraordinario Muestra Sin

Vergüenza El Botín De Victorias Pasadas Como Un Trofeo De Agradecimiento. David lo hizo. Hasta llevó consigo la cabeza de Goliat. "Tan pronto como David regresó, después de haber matado a Goliat, y con la cabeza del filisteo todavía en la mano, Abner lo llevó ante Saúl", (1ᵉʳᵃ Samuel 17:57).

16. El Guerrero Extraordinario Crea Su Propio Museo De Recuerdos Para Celebrar Sus Victorias. David lo hizo. "Luego David tomó la cabeza de Goliat y la llevó a Jerusalén, pero las armas las guardó en su tienda de campaña", (1ᵉʳᵃ Samuel 17:54).

17. El Guerrero Extraordinario Sabe Que La Derrota De Su Adversario Más Poderoso Provocará La Huída De Sus Demás Enemigos. David comprendió esto. Cuando Goliat cayó, sus seguidores escaparon. "Cuando los filisteos vieron que su héroe había muerto, salieron corriendo", (1ᵉʳᵃ Samuel 17:51).

18. El Guerrero Extraordinario Sabe Que Cuando Triunfa, Las Personas Desanimadas Que Están A Su Alrededor Se Animan Y Llenan De Energía. David comprendió esta verdad. "Entonces los soldados de Israel y de Judá, dando gritos de guerra, se lanzaron contra ellos y los persiguieron hasta la entrada de Gat y hasta las puertas de Ecrón. Todo el camino, desde Sajarayin hasta Gat y Ecrón, quedó regado de cadáveres de filisteos", (1ᵉʳᵃ Samuel 17:52).

El Sueño Extraordinario Requerirá Un Corazón De Guerrero.

 Mi Oración Para Ti:
"Espíritu Santo, soy un vencedor. Al igual que David, estoy dispuesto a enfrentar a mi

adversario, derrotarlo y desencadenar el aroma de la victoria en mi mundo, mi trabajo, mi hogar y en aquellos a quienes fui asignado.

Imparte hoy en mí el celo renovado de un Espíritu Guerrero, para destruir las fortalezas de Satanás y liberar a los cautivos.

Soy tu libertador en la tierra, ungido para resistir la oscuridad con la Sabiduría de Dios. Derrama el aceite de sanidad del Calvario sobre las heridas de los quebrantados. Lucharé y venceré mi batalla por el Sueño Extraordinario. En el nombre de Jesús, Amén".

LLAVES PARA LA SABIDURÍA A RECORDAR

La Batalla De Tu Vida Es Por Tu Mente. La Batalla De La Mente Es Por La Concentración. (Llave Para La Sabiduría N° 246)

Cuando Satanás Te quiere Destruir, Trae Una Persona A Tu Vida. (Llave Para La Sabiduría N° 215)

Aparecerá Un Enemigo Sin Oposición. (Llave Para La Sabiduría N° 117)

Tu Importancia No Se Encuentra En La Similitud Con El Otro, Sino En Lo Que Te Diferencia Del Otro. (Llave Para La Sabiduría N° 54)

Cuando Tú Sueltes Lo Que Hay En Tu Mano, Dios Soltará Lo Que Hay En La Suya. (Llave Para La Sabiduría N° 4)

La Búsqueda Del Consejero Revela La Pasión Del Protegido. (Llave Para La Sabiduría N° 297)

Cada Amistad Cultiva Una Fortaleza O Una Debilidad. (Llave Para La Sabiduría N° 123)

Los Campeones Toman Decisiones Que Generan El Futuro Que Desean; Los Perdedores Toman Decisiones Que Generan El Presente Que Desean. (Llave Para La Sabiduría N° 343)

Si No Conoces El Lugar Que Puedes Alcanzar, Te Adaptarás Al Lugar En El Que Estás. (Llave Para La Sabiduría Nº 129)

Cuando Lo Hagas Para Los Demás, Dios Lo Hará Para Ti. (Llave Para La Sabiduría Nº 6)

El Espíritu Santo Es La Única Persona A La Que Debes Obedecer. (Llave Para La Sabiduría Nº 148)

Todo Lo Que No Tengas Está Guardado Dentro De Alguien Cercano A Ti, Y El Amor Es El Mapa Secreto Que Te Guía Hacia El Tesoro. (Llave Para La Sabiduría Nº 102)

La Voluntad De Lograr Origina La Capacidad De Cambiar. (Llave Para La Sabiduría Nº 45)

El Éxito De Mejor Calidad Es La Disposición A Transformarte. (Llave Para La Sabiduría Nº 275)

El Primer Paso Hacia El Éxito Es La Disposición Para Escuchar. (Llave Para La Sabiduría Nº 268)

La Instrucción Que Sigues Determina El Futuro Que Produces. (Llave Para La Sabiduría Nº 14)

31 Días Para Alcanzar Tu Sueño

1. Tu Sueño Es Cualquier Cosa En Lo Que Quieras Convertirte, Hacer O Tener Durante Tu Vida.
2. Tu Sueño Es Algo Que Debes Creer, Buscar Y Proteger A Fin De Alcanzarlo.
3. Tu Sueño Puede Hacerse Realidad Más Allá De Tus Limitaciones Personales.
4. Tu Sueño Siempre Debe Determinar Lo Que Harás Primero Cada Mañana.
5. El Sueño Que Estás Buscando Siempre Controlará Y Determinará Tu Conducta Y Comportamiento Diarios.
6. Tu Conversación Diaria Es Un Retrato De Tu Pasión Por El Sueño Que Estás Buscando.
7. Cada Compromiso Diario Debe Ser Un Escalón Hacia La Realización De Tu Sueño.
8. Tu Sueño Puede Dar A Luz Cambios En Tus Relaciones.
9. Tu Sueño Determinará Quien Quiera Estar Contigo.
10. Tu Sueño Debe Nacer En Tu Interior, No Debes Tomarlo Prestado De Otra Persona.
11. Tu Sueño Puede Requerir De Un Cambio De Ubicación Geográfica.
12. Tu Sueño Determina Quién Reúne las Condiciones Para Tener Acceso A Tu Vida.
13. Tu Sueño Debe Capacitarte Para Alcanzar Una Concentración Total.
14. Tu Sueño Requerirá De Períodos De Preparación.
15. Alcanzar Tu Sueño Puede Requerir De Un Consejero Extraordinario.

186 • MIKE MURDOCK

16. Tu Sueño Representa Tu Diferencia Significativa Verdadera De Los Demás.
17. Con Frecuencia, Satanás Usará Recuerdos De Tus Fracasos Pasados Para Desvirtuar El Sueño Que Dios Está Desarrollando En Ti.
18. Tu Éxito No Puede Comenzar Hasta Que Alimentes Tu Pasión Por El Sueño En Tu Interior.
19. Con Frecuencia, Tu Familia Puede Enfocarse En Tus Debilidades En Lugar De Hacerlo En El Sueño Creciente En Tu Interior.
20. Si Descuidas El Sueño En Tu Interior, Con El Tiempo Se Marchitará Y Morirá.
21. Tu Sueño Puede Requerir De Una Fe Extraordinaria.
22. Tu Sueño Puede Nacer De Tragedias Excepcionales Y Memorias Dolorosas.
23. Tu Sueño Puede Ser Malinterpretado Por Las Personas Más Cercanas A Ti.
24. Tu Sueño Puede Ser Tan Grande Al Punto De Hacerte Sentir Temeroso, Inadecuado O Inferior.
25. Tu Sueño Es Tu Compañía Invisible Que Te Acompaña Desde Tu Presenta Hacia Tu Futuro.
26. La Pasión Por Tu Sueño Debe Aumentar Y Fortalecerse Tanto De Manera Que Arda En Tu Interior Sin Necesidad Del Ánimo De Los Demás.
27. Tu Sueño Puede Exponer Relaciones Conflictivas En Tu Vida.
28. Tu Sueño Requerirá De Un Favor Extraordinario De Parte De Los Demás.
29. Cada Relación Te Moverá Hacia Tu Sueño O Te Alejará De Él.
30. Cuando Anuncies Audazmente Tu Sueño, Generarás Una Conexión Instantánea Con Cada Persona Que Desee Lograr El Mismo Sueño.
31. Debes Ejercitar Una Visualización Continua De Tu Sueño.

DECISIÓN

¿Aceptarás A Jesús Como Salvador De Tu Vida Hoy?

La Biblia dice, "Que si confesares con tu boca que Jesús es el Señor, y creyeres en tu corazón que Dios le levantó de los muertos, serás salvo," (Romanos 10:9).

Para recibir a Jesucristo como Señor y Salvador de tu vida, ¡por favor haz esta oración con tu corazón ahora mismo!

"Querido Jesús, yo creo que Tú moriste por mí y que resucitaste al tercer día. Confieso que soy un pecador. Yo necesito Tu amor y Tu perdón. Entra a mi corazón. Perdona mis pecados. Yo recibo Tu vida Yo recibo vida eterna. Confirma Tu amor al dándome paz, gozo y amor sobrenatural por otros los demás. Amén".

☐ ¡Sí, Mike! Hoy tomé la decisión de aceptar a Cristo como mi Salvador personal. Por favor envíame gratis tu libro de obsequio: *31 Llaves Para Un Nuevo Inicio* para ayudarme con mi nueva vida en Cristo.

NOMBRE   CUMPLEAÑOS

DIRECCIÓN

CIUDAD   ESTADO   CÓDIGO POSTAL

TELÉFONO   CORREO ELECTRÓNICO

Envíalo por correo a:
The Wisdom Center
4051 Denton Hwy. · Ft. Worth, TX 76117
Teléfono: 1-817-759-0300
Sitio Web: www.TheWisdomCenter.tv

DR. MIKE MURDOCK

1 Ha abrazado la Asignación de perseguir...poseer...y publicar la Sabiduría de Dios para ayudar a la gente a alcanzar sus sueños y metas.

2 Se inició en evangelismo de tiempo completo a la edad de 19 años y lo ha hecho continuamente desde 1966.

3 Ha viajado y hablado a más de 16.000 audiencias en 39 países, incluyendo el Este y Oeste de África, el Oriente y Europa.

4 Connotado autor de más de 200 libros, incluyendo los best sellers: *Sabiduría Para Triunfar, Semillas De Sueños* y *El Principio Del Doble Diamante*.

5 Es el creador de la popular "Biblia Temática" en las series para Hombres de Negocios, Madres, Padres, Adolescentes, además de "La Biblia de Bolsillo de Un Minuto" y de las series "La Vida Fuera de Lo Común".

6 El Creador de los 7 Sistemas Maestros de Mentoría.

7 Ha compuesto más de 5.700 canciones, entre ellas: "I Am Blessed" "You Can Make It" "Holy Spirit This Is Your House" y "Jesus, Just The Mention of Your Name" mismas que han sido grabadas por diversos artistas de música cristiana 'gospel'.

8 Es el fundador de: The Wisdom Center, (El Centro de Sabiduría) en Ft. Worth, Tx.

9 Tiene un programa semanal de televisión titulado "Llaves de Sabiduría con Mike Murdock".

10 Se ha presentado frecuentemente en programas de las televisoras cristianas TBN, CBN, BET y DAYSTAR.

11 Ha tenido más de 3.000 personas que han aceptado el llamado al ministerio de tiempo completo, bajo su ministerio.

EL MINISTERIO

1 **Libros De Sabiduría & Literatura:** Más de 200 Libros de Sabiduría, éxitos de librería, y 70 series de enseñanza en audio casete.

2 **Campañas En Las Iglesias:** Multitud de personas son ministradas en las campañas y seminarios en los Estados Unidos, en la "Conferencia de Sabiduría Fuera De Lo Común". Conocido como un hombre que ama a los pastores, se ha enfocado a participar en campañas en iglesias durante 40 años.

3 **Ministerio De Música:** Millones de personas han sido bendecidas con la unción en las composiciones y el canto de Mike Murdock, quien ha producido más de 15 álbumes musicales. Disponibles también en CD.

4 **Televisión:** "Llaves de Sabiduría Con Mike Murdock", es el programa semanal de televisión que se transmite a nivel nacional, presentando a Mike Murdock en sus facetas de maestro y adorador.

5 **The Wisdom Center:** (El Centro De Sabiduría) Las oficinas del ministerio, son el lugar donde el Dr. Murdock presenta una vez al año la Escuela de Sabiduría, para quienes desean experimentar "La Vida Fuera de lo Común".

6 **Escuelas Del Espíritu Santo:** Mike Murdock es el anfitrión de Escuelas Del Espíritu Santo en cuantiosas iglesias, para dar mentoría a los creyentes acerca de la Persona y Compañerismo Del Espíritu Santo.

7 **Escuelas De Sabiduría:** En las 24 ciudades principales de los Estados Unidos, Mike Murdock presenta Escuelas de Sabiduría para quienes desean una capacitación avanzada para lograr "La Vida Fuera de lo Común".

8 **Ministerio De Misiones:** Las misiones de alcance en ultramar a 39 países, que realiza el Dr. Mike Murdock, incluyen campañas en el Este y Oeste de África, Sudamérica y Europa.

Aprenda Del Más Grande.

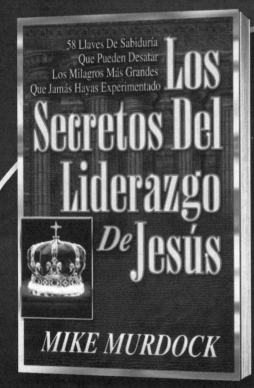

En este práctico y dinámico libro, Mike Murdock te centra directamente en Jesús, el Mentor Supremo. Te llevará tan sólo un momento cada día reflexionar en Su vida y obra. Y cuando lo hagas, descubrirás todas las habilidades y destrezas que usó Jesús... los poderosos "secretos de liderazgo" que edifican un logro perdurable y verdadero. Explóralos. Estúdialos. Ponlos por obra en tu propia vida ¡y tu éxito será seguro!

▶ El Secreto Para Manejar El Rechazo.

▶ Cómo Tratar Con Los Errores D Los Demás.

▶ 5 Llaves Poderosas Para Deleg A Otros Efectivamente.

▶ La Llave Para Desarrollar Una Gran Fe.

▶ Las Mayores Cualidades De L Campeones.

▶ Los Secretos De Los Ricos.

▶ 4 Técnicas Para Establecer Objetivos.

▶ 10 Hechos Que Jesús Enseñó Acerca Del Dinero.

▶ *¡Y Mucho Más!*

The Wisdom Center

Libro SB-91 / **$10** USD

Sabiduria Ante Todo

Más 10% Por Gastos De Envío

Mi Regalo De Aprecio..
El Comentario A La Sabiduría

El Comentario A La Sabiduría 1 incluye 52 temas… para que enseñes a tu familia cada semana del año.

Estos temas incluyen:

- Las Habilidades
- Los Logros
- La Unción
- La Asignación
- La Amargura
- La Bendición
- La Profesión
- El Cambio
- Los Niños
- El Noviazgo
- La Depresión
- La Disciplina
- El Divorcio
- Los Sueños y Los Objetivos
- El Enemigo
- El Entusiasmo
- El Favor
- Las Finanzas
- Los Necios

- El Dar
- El Establec-imiento De Metas
- Dios
- La Felicidad
- El Espíritu Santo
- Las Ideas
- La Intercesión
- Los Empleos
- La Soledad
- El Amor
- La Mentoría
- Los Ministros
- Los Milagros
- Los Errores
- El Dinero
- La Negociación
- La Oración
- La Resolu-ción De Problemas

- Los Protegidos
- Satanás
- El Lugar Secreto
- La Semilla De Fe
- La Confianza En Sí Mismo
- La Lucha
- El Éxito
- La Administ-ración Del Tiempo
- El Entendimiento
- La Victoria
- Las Debilidades
- La Sabiduría
- La Palabra De Dios
- Las Palabras
- El Trabajo

EDICIÓN DE COLECCIÓN DE MIKE MURDOCK

COMENTARIO A LA SABIDURÍA

OBSEQUIO DE APRECIO
Por Tu Semilla De Patrocinio de $100 Dólares o Más
SB-136
OBSEQUIO DE APRECIO

Mas 10% Por Gastos De Envío

¡Este Es Mi Regalo De Aprecio Para Quienes Patrocinen La Terminación Del Centro De Oración Dr. J.E. Murdock!

Muchísimas gracias por formar parte de este proyecto maravilloso— ¡La Terminación del Centro de Oración! *El 'Comentario A La Sabiduría' es mi Regalo de Aprecio por tu Semilla de Patrocinio de $100 dólares..* ¡Conviértete en un patrocinador! Te enamorarás de este primer volumen del 'Comentario A La Sabiduría'. Este es un obsequio exclusivo para quienes patrocinen El Centro De Oración Dr. J.E. Murdock.

THE WISDOM CENTER
4051 Denton Highway • Fort Worth, TX 76117 • USA

USA
1-817-759-0300

—¡Te Enamorarás de Nuestro Website…!—
WWW.THEWISDOMCENTER.TV